图书情报与信息管理实验教材

商务管理决策模型与技术实验教程

Business Management Decision Modeling and Technology Experiment

严炜炜　编著

WUHAN UNIVERSITY PRESS
武汉大学出版社

图书在版编目(CIP)数据

商务管理决策模型与技术实验教程/严炜炜编著.—武汉：武汉大学
出版社,2016.3
图书情报与信息管理实验教材
ISBN 978-7-307-17496-2

Ⅰ.商⋯　Ⅱ.严⋯　Ⅲ.商业管理—管理决策—高等学校—教材
Ⅳ.F712

中国版本图书馆 CIP 数据核字(2016)第 006573 号

责任编辑:詹　蜜　　　责任校对:李孟潇　　　版式设计:韩闻锦

出版发行:**武汉大学出版社**　（430072　武昌　珞珈山）
（电子邮件:cbs22@whu.edu.cn　网址:www.wdp.com.cn）
印刷:武汉中科兴业印务有限公司
开本:720×1000　1/16　印张:11.25　字数:197 千字　插页:1
版次:2016 年 3 月第 1 版　　2016 年 3 月第 1 次印刷
ISBN 978-7-307-17496-2　　定价:24.00 元

前　言

　　大数据环境下，数据资源呈爆炸式增长，企业商务管理决策不再单纯地依靠管理者实践经验，而是依赖于丰富的商务定性、定量分析模型，结合相关统计数据等信息资源辅助进行决策的制定。因此，如何有效地管理和利用企业运营中的数据资源，已成为当前企业战略研究和管理实践中的重要议题。作为管理类专业的核心内容之一，基础管理决策理论模型的构建以及相关信息技术的运用已成为专业领域内必备的知识和技能；在企业实践中，商务决策模型和信息技术的利用也已被广泛并充分地证明其应用价值。

　　本书的编写目的在于从实践应用角度出发，全面地介绍商务管理决策中的决策参考模型以及辅助决策的信息技术与软件工具的使用方法和操作过程，引导学生理解基础商务决策模型的应用环境、方法、特点和局限性，培养学生基于商务决策模型利用信息技术进行商务决策分析的能力，锻炼学生理论结合实际实现商务模型的实践应用能力，提高学生的理论分析、实践操作能力，培养其创新精神，为其进一步开展科学研究和从事相关实践工作打下坚实的基础。

　　本书的特点为：

　　（1）通过将理论模型与实际案例联系在一起，旨在让读者不仅掌握理论模型，同时学习理论模型的应用环境和实践利用途径，以期发挥决策模型的实际应用价值。

　　（2）从用户使用的角度，详细介绍了决策模型的相关信息技术和软件的操作过程，指导读者进行课程实验操作。

　　（3）从决策模型的实践应用角度，分析模型的应用局限之处，指引读者对模型的应用范围和适配性进行思考，在利用模型提供决策支撑的同时，结合实际情况进行商务决策综合分析。

　　本书分为 8 章共 18 个实验项目，第 1 章主要介绍商务管理决策模型和相关信息技术的基础知识，引导学生了解商务决策过程和本书主要实验软件；第

2 章侧重于商务决策中的定性分析模型及实验；第 3 章引导学生进行盈亏平衡模型实验；第 4 章讲解线性规划模型及企业应用实验；第 5 章介绍投资组合决策模型并引导学生进行相关实验；第 6 章基于移动平均法和指数平滑法教授学生进行时间序列预测实验；第 7 章培养学生进行服务评价的技能；第 8 章引导学生掌握常用的模拟分析模型，培养商务模拟分析能力。严炜炜负责教材整体的编写、修改和完善，何芳参与编写本书的第 7 章和第 8 章内容。

　　本书适合高校管理大类各专业硕士、本科和专科学生，以及从事管理工作的人士阅读。

　　由于时间仓促，编著者的水平与实践有限，书中难免存在不足和疏漏之处，恳请读者不吝指正。

严炜炜
2015 年 6 月于武汉大学

目 录

参考文献 ………………………………………………………………………………… 16X

第 *1* 章　商务管理决策模型与技术概述

作为现代商务管理的重要组成部分，商务管理决策是企业面对日益复杂的市场竞争环境而进行商务战略、策略的制定与实践。尤其是在电子商务高速发展的今天，企业所处的外部环境随着新经济时代的到来而发生了急剧的变化，企业之间的竞争正逐步朝其供应链上下游拓展，对企业商务管理决策也提出了更高的要求。如何结合大数据趋势，对商务活动中的数据、信息进行有效的搜集、处理与分析，进而形成有价值的商务管理决策依据已成为现代企业所关注的焦点。

1.1　商务管理决策

商务管理决策反映的是商务活动中的管理决策。全球化竞争环境下，商务活动具有复杂性，与之对应的管理决策也是一项需要经过一系列科学、合理的分析整理的决策过程。商务管理决策的具体表现形式可以是生产控制、库存控制、营销方案制定以及产品创新规划等内容。

商务管理决策除了进行决策的主体，即决策者（可以是个体，如企业高管；也可以是团体或组织，如董事会）之外，其核心要素包括：

（1）决策目标。

商务管理决策的制定需要明确其决策目标，即对某个特定商务管理决策问题的具体的、明确的发展预期或定量目标，如市场销售年度利润的最大化、库存成本最小化等。

（2）决策方案。

商务管理决策通常包含有多种潜在的可行方案供决策者最终定夺。决策者需要根据对比不同决策方案的优劣，综合商务管理决策环境，选择最满足决策目标的可行方案，即最优方案。

（3）决策准则。

商务管理决策的过程实际上是按照一定事先确定的决策准则而在可选方案中选择最优方案的过程。对于决策准则而言，其会依据决策者的特征属性与偏好的不同而存在差异，商务管理决策必须在决策前明确决策的依据，才能保证决策过程和结果的合理性。

（4）决策条件。

决策者进行商务管理决策时所面对的条件约束，包括项目时间条件、人力资源条件和资金条件等方面的约束。此外，其他一些决策者无法预测和控制的环境条件也需考虑，诸如市场经济环境、气候条件等。

（5）决策评价。

在商务管理决策执行之后，会经过一段时间后反映出商务决策的结果。判断商务管理决策的成功与否需要对商务决策结果进行评价，通常可以利用定量指标（如损益指标）对商务决策结果进行数据统计和定量分析，为今后的商务管理决策提供数据参考和支撑。

针对复杂的商务管理决策问题，商务管理决策遵循科学的决策方案制定与执行过程，其一般流程可以归纳为以下几个步骤：

①决策目标制定。以企业战略为基础，根据企业客观发展需要，明确商务管理决策需要解决的问题，进行商务管理决策目标的制定。

②决策方案识别。根据商务管理决策目标，结合企业自身条件与环境约束，识别可行方案，作为商务管理决策备选方案。

③决策准则确立。根据商务管理决策目标，结合决策者的偏好，制定可行方案的判断与选择标准。

④决策方案分析。根据商务管理决策准则，对可行方案进行评价，分析并选择其中的最优方案。

⑤决策方案实施。按照所选择的最优商务管理决策方案，协调企业相关人力、物力进行决策方案的全面实施。

⑥决策方案评价。在商务管理决策方案实施一定时间后，采用科学的评价指标对决策方案实施效果或者结果进行评价，总结得失。

1.2　商务管理决策模型

商务管理决策模型既可以是定性分析模型，也可以是定量分析模型。定性分析模型主要针对商务环境进行理论分析与条件分析；而定量分析模型则主要依靠建立由系统化数学符号、数学表达式组成的数学模型进行描述分析。

（1）商务管理决策定性分析模型。

商务管理决策定性分析是一种非数量的分析，其核心是把握研究对象本质问题，实现对商务管理研究问题的由表及里细化揭示和由此及彼的动态描述，从而对问题产生机理、环境特征、管理实质和运作规律等进行模型分析，其一般过程为：

①分析综合。对商务管理决策问题分解，基于事实型资料和实践经验构建分析模型，分别进行客观规律的探究，并结合应用情境进行综合揭示。

②比较。针对商务管理决策问题不同解决方案进行开展方工、运营效率、投入/产台等全方位的综合比较，为管理决策实施提供参考。

③抽象和概括。对定性分析获得的描述性结论进行提炼，根据应用环境，进行抽象并概括成实践中的管理决策知识运行方案。

（2）商务管理决策定量分析模型。

商务管理决策定量分析的核心则在于商务管理数据获取、数学模型的构建和分析，其一般步骤为：

①问题定义。对商务管理决策问题进行界定，将现实问题的具体细节转换为数学代号和数值进行表达。

②模型构建。根据定义的商务管理决策问题，选择合适的数学模型或统计模型，实现现实问题的数学建模。

③数据收集。根据所构建的数学模型，明确需要输入的数据，并进行数据的收集与录入工作。

④模型求解。根据数学模型和收集的数据，进行数学模型的推导与求解过程，找出决策问题的最优解。

⑤模型检验。在对模型结果进行分析和利用之前，需要检验数据的准确性和完整性，并检验模型的适配性。

⑥结果分析。结合实际商务活动情况，解释模型结果含义，并进行模型的敏感性分析。

1.3　商务管理决策信息技术

1.3.1　Microsoft Excel

Microsoft Excel 是微软公司的办公软件 Microsoft Office 的组件之一，是由 Microsoft 为 Windows 和 Apple Macintosh 操作系统的电脑而编写和运行的一款试算表软件。Excel 是微软办公套装软件的一个重要的组成部分，它可以进行各种数据的处理、统计分析和辅助决策操作，广泛地应用于管理、统计财经、金融等众多领域。

Excel 函数一共有 11 类，分别是数据库函数、日期与时间函数、工程函数、财务函数、信息函数、逻辑函数、查询和引用函数、数学和三角函数、统计函数、文本函数以及用户自定义函数。

1.3.1.1　工程函数

工程工作表函数用于工程分析。这类函数中的大多数可分为三种类型：对复数进行处理的函数，在不同的数字系统（如十进制系统、十六进制系统、八进制系统和二进制系统）间进行数值转换的函数，在不同的度量系统中进行数值转换的函数。

1.3.1.2　财务函数

财务函数可以进行一般的财务计算，如确定贷款的支付额、投资的未来值或净现值，以及债券或息票的价值。财务函数中常见的参数包括：未来值（fv），在所有付款发生后的投资或贷款的价值；期间数（nper），投资的总支付期间数；付款（pmt），对于一项投资或贷款的定期支付数额；现值（pv），未来现金流量以恰当折现率折现后的价值利率（rate），投资或贷款的利率或贴现率；类型（type），付款期间内进行支付的间隔。

1.3.1.3　信息函数

可以使用信息工作表函数，确定存储在单元格中的数据的类型。信息函数包含一组称为 IS 的工作表函数，在单元格满足条件时返回 TRUE。例如，如果单元格包含一个偶数值，ISEVEN 工作表函数返回 TRUE。如果需要确定某个单元格区域中是否存在空白单元格，可以使用 COUNTBLANK 工作表函数对单元格区域中的空白单元格进行计数，或者使用 ISBLANK 工作表函数确定区域中的某个单元格是否为空。

1.3.1.4 数据库函数

当需要分析数据清单中的数值是否符合特定条件时，可以使用数据库工作表函数。例如，在一个包含销售信息的数据清单中，可以计算出所有销售数值大于 1000 且小于 2500 的行或记录的总数。Microsoft Excel 共有 12 个工作表函数用于对存储在数据清单或数据库中的数据进行分析，这些函数的统一名称为Dfunctions，也称为 D 函数，每个函数均有三个相同的参数：database、field 和criteria。这些参数指向数据库函数所使用的工作表区域。其中，参数 database为工作表上包含数据清单的区域，参数 field 为需要汇总的列的标志，参数criteria 为工作表上包含指定条件的区域。

1.3.1.5 逻辑函数

使用逻辑函数可以进行真假值判断，或者进行复合检验。例如，可以使用IF 函数确定条件为真还是假，并由此返回不同的数值。

1.3.1.6 统计函数

统计工作表函数用于对数据区域进行统计分析。例如，统计工作表函数可以提供由一组给定值绘制出的直线的相关信息，如直线的斜率和 y 轴截距，或构成直线的实际点数值。

1.3.1.7 文本函数

通过文本函数，可以在公式中处理文字串。例如，可以改变大小写或确定文字串的长度；可以将日期插入文字串或连接在文字串上。

1.3.1.8 查询和引用函数

当需要在数据清单或表格中查找特定数值，或者需要查找某一单元格的引用时，可以使用查询和引用工作表函数。例如，如果需要在表格中查找与第一列中的值相匹配的数值，可以使用 VLOOKUP 工作表函数。如果需要确定数据清单中数值的位置，可以使用 MATCH 工作表函数。

1.3.1.9 数学和三角函数

通过数学和三角函数，可以处理简单的计算，例如对数字取整、计算单元格区域中的数值总和，或复杂计算。

1.3.1.10 日期与时间函数

通过日期与时间函数，可以在公式中分析和处理日期值和时间值。

1.3.1.11 用户自定义函数

如果要在公式或计算中使用特别复杂的计算，而工作表函数又无法满足需要，则需要创建用户自定义函数。这些函数，称为用户自定义函数，可以通过使用 Visual Basic for Applications 来创建。

1.3.2 社会科学统计软件包（SPSS）

SPSS（Statistical Package for the Social Science） 也称社会科学统计软件包，是在 SPSS/PC+基础上发展起来的。它是一种集成化的计算机数据处理和统计分析通用软件，其特点在于是集成了数据管理、统计分析、图形报表和编程扩展于一身的功能强大的应用统计分析软件包。该软件适用于社会科学和自然科学，现已广泛应用于经济管理、商业、金融、心理学、医疗卫生、生物学、体育、农业等各个领域，用以支撑信息管理和决策分析等工作，是世界上公认的最优秀的、最流行的统计分析软件包之一。同时，SPSS 统计分析软件已成为许多院校本科生和研究生的必备技能之一。

最早的 SPSS 统计软件是由美国斯坦福大学的 3 位研究生于 1968 年开发而成，并于 1975 年在美国的芝加哥成立了 SPSS 总部。当时主要面向中小型的计算机用户和企业级用户，统称为 SPSSx 版。后来随着微型计算机和 DOS 操作系统的出现，SPSS 公司又于 1984 年推出了 DOS 操作系统上的 SPSS 的微机版，即 SPSS/PC+版，一共推出了三个版本。20 世纪 90 年代，随着图形界面 Windows 操作系统的出现和普及，相继出现了面向 Windows 操作系统的 SPSS 第 5 版、第 6 版。20 世纪 90 年代中后期，又推出以交互式对话为主要特征的第 7 版，并将其后的版本统称为 SPSS for Windows 版，目前最新的版本是第 23 版，是一种用于分析数据的综合系统，并且可以选择包括简体中文在内的多种语言，更广泛地适应不同用户的需求。SPSS 公司已于 2000 年正式更名为 Statistical Product and Service Solutions，即统计产品与服务解决方案。SPSS 的版本更新都会对软件的数据管理功能、结果报告功能、统计建模功能以及软件的兼容性等方面进行改进和完善。例如，数据管理功能方面实现超长变量名、自动编码过程以及日期/时间函数的改进；结果报告功能方面实现新统计图组与统计表的引入和易用性提升；统计建模功能方面实现如方差分析模型、线形回归模型、Logistic 回归等一般统计分析模块的完整引入等。

从 20 世纪 60 年代末到今天，SPSS 的发展已经历了半个世纪。1994—1998 年间，SPSS 公司陆续并购了 SYSTAT、BMDP 等公司，成为世界上公认的三大数据分析软件之一（SAS、SPSS 和 SYSTAT）。产品也由原来的单一统计分析软件开发为主，转变为向企业、教育科研及政府机构提供全面的信息统计决策支持服务，并广泛分布于通信、医疗、银行、证券、保险、制造、商业、市场研究、科研、教育等多个领域和行业，在全球财富 1000 强企业中，有 95%的企业是 SPSS 的客户。SPSS 统计软件的易学易用以及专业化的统计分解结果是 SPSS 软件强大的竞争优势之一，也是广大数据分析人员对其偏爱的主要原因。此外，大量成熟的统计分析方法、完善的数据定义界面、开放的数据接口以及灵活的统计表格和统计图形，也是 SPSS 的突出特色。世界上许多有影响的报纸杂志纷纷就 SPSS 的自动统计绘图、数据的深入分析、使用方便、功能齐全等方面给予了高度的评价。

SPSS 是世界上最早采用图形菜单驱动界面的统计软件，它最突出的特点就是操作界面极为友好，输出结果美观漂亮。它将几乎所有的功能都以统一、规范的界面展现出来，使用 Windows 的窗口方式展示各种管理和分析数据方法的功能，对话框展示出各种功能选择项。用户只要掌握一定的 Windows 操作技能，精通统计分析原理，就可以使用该软件为特定的科研工作服务。SPSS 采用类似 Excel 表格的方式输入与管理数据，数据接口较为通用，能方便地从其他数据库中读入数据。其统计过程包括常用的、较为成熟的统计过程，完全可以满足非统计专业人士的工作需要。

SPSS for Windows 是一个组合式软件包，它集数据录入、整理、分析功能于一身。用户可以根据实际需要和计算机的功能选择模块，以降低对系统硬盘容量的要求，有利于该软件的推广应用。SPSS 的基本功能包括数据管理、统计分析、图表分析、输出管理等。SPSS 统计分析过程包括描述性统计、均值比较、一般线性模型、相关分析、回归分析、对数线性模型、聚类分析、数据简化、生存分析、时间序列分析、多重响应等几大类，每类中又分好几个统计过程，比如回归分析中又分线性回归分析、曲线估计、Logistic 回归、Probit 回归、加权估计、两阶段最小二乘法、非线性回归等多个统计过程，而且每个过程中又允许用户选择不同的方法及参数。SPSS 也有专门的绘图系统，可以根据数据绘制各种图形。SPSS for Windows 的分析结果清晰、直观、易学易用，而且可以直接读取 Excel 及 DBF 数据文件，现已推广到各种操作系统的计算机上，它和 SAS、BMDP 并称为国际上最有影响的三大统计软件。

第2章　商务定性分析模型实验

2.1　实验目的与要求

本章学习商务决策中常用的定性分析模型的应用，通过本章的学习与实验操作，旨在达到以下目的与要求：

(1) 掌握波特五力分析模型，以及行业竞争态势的分析过程；

(2) 掌握 SWOT 分析模型，以及企业商务竞争环境的分析过程；

(3) 掌握平衡计分卡，以及企业战略管理决策的过程；

(4) 培养基于商务定性分析模型的商务决策分析能力。

2.2　实　验　准　备

Microsoft Office 套件。

2.3　实　验　基　础

商务活动中，商务决策的制定不仅仅依靠定量模型进行数据支撑，同样需要综合考察企业所处的市场竞争环境，寻找自身的准确定位，进行定性的分析和探讨。因此，在商务管理决策模型的探讨中，还包括应用于辅助商务决策的定性模型的利用。当前，常用的商务定性分析模型主要包括波特五力分析模型、SWOT 分析模型以及平衡计分卡等。这些模型不仅能够帮助企业进行自身优劣势的分析，也可分析企业所处的市场竞争环境，继而为企业战略管理决策的制定和目标分解提供依据。

2.3.1 波特五力模型

波特五力模型（Porter's Five Forces Model），由迈克尔·波特（Michael Porter）于 20 世纪 80 年代初提出，它认为行业中存在着决定竞争规模和程度的五种力量，这五种力量综合起来影响着产业的吸引力。这五种力量分别为：进入壁垒、替代品威胁、买方议价能力、卖方议价能力以及现存竞争者之间的竞争，如图 2-1 所示。

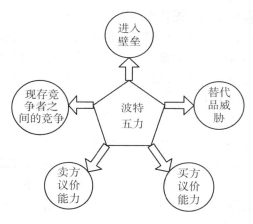

图 2-1　波特五力模型

波特五力模型将大量不同的因素汇集在一个分析模型中，以此揭示一个行业的基本竞争态势。竞争战略从一定意义上说是源于企业对决定产业吸引力的竞争规律的深刻理解。任何产业，无论是国内的或国际的，无论生产产品的或提供服务的，竞争规律都将体现在这五种竞争的作用力上。因此，波特五力模型是企业制定竞争战略时经常利用的战略分析工具。

2.3.1.1　进入壁垒

对于特定行业而言，新进入者可能会给行业带来新的增长资源、动力或契机，但同时其也期望能在现有市场条件下占据一席之地，继而产生新进入者与行业内现有企业产生市场竞争，可能导致行业内现有企业盈利水平降低，甚至可能危及现有企业在行业内的生存状况。进入壁垒即是影响并体现新进入者竞争性进入行业的威胁程度。进入壁垒主要包括产品差异、转换成本、渠道开拓、规模经济、资本条件、政府政策行为以及自然资源与地理环境等方面，这其中有些障碍是很难借助复制或仿造的方式来突破的，进而形成行业进入壁垒。此外，还要考虑行业现有企业对进入者的反应情况，即在综合考虑新进入者带来的潜在利益与风险的前提下，对新进入者采取的阻碍甚至报复行动等反应情况，这也对进入壁垒产生影响。

2.3.1.2　替代品的威胁

对于行业内企业的产品而言，其可能会面对同行业其他企业甚至不同行业中的企业的产品的竞争，即所生产的产品互为替代品，从而在替代品的生产企业之间产生相互竞争行为，这种源自于替代品的竞争威胁会以各种形式影响行业中现有企业的竞争战略。替代品的侵入将限制现有企业产品售价及获利的提升，促使现有企业降低成本、提升产品质量或者改进产品形成新差异化特征来面对竞争。归纳而言，替代品质量越高、价格越低、客户转换成本越低，其对行业内现有企业产品所能产生的竞争压力就越强。而来自替代品的市场竞争压力的强度，可以通过具体考察替代品厂家生产能力、盈利扩张情况及替代品销售增长率等指标来持续关注。

2.3.1.3　买方议价能力

买方议价能力是指买方为了获得更大的利益，向卖方压价，或要求卖方提供较高的产品或服务质量的能力，进而影响行业中现有企业的盈利能力。显然，当买方总数量较少且每个买方的购买量较大，并占据卖方销售量的较大比例时，买方的议价能力也即话语权更大；当买方所购买的产品为标准化产品，即在可从多个卖方获取同质量的产品的前提下，买方的议价能力较强；同理，当卖方行业由大量相对来说规模较小的企业所组成时，买方的选择较多，相对而言，议价能力也较强。此外，当买方能够便捷地向生产端延伸，即能便捷地实现后向一体化；而卖方向零售端的延伸能力较弱，即前向一体化较困难时，买方议价能力也表现得更强。

2.3.1.4　卖方议价能力

卖方为了获得更大的利益，会通过提高投入要素价格并控制单位价值质量的方式，来影响行业中现有企业的盈利能力与产品竞争力。显然，卖方提供给买方投入要素决定了卖方的议价能力。当卖方所提供的投入要素价值构成了买方产品总成本的较大比例、决定了买方产品生产过程，或者严重影响买方产品的质量时，卖方对于买方的潜在议价能力就大大增强。尤其是卖方为一些具有比较稳固市场地位而不受市场激烈竞争困扰的企业所控制，拥有较多产品的买方；卖方产品各具特色，买方很难找到可与供方企业产品相竞争的替代品，以致买方难以转换或转换成本太高，卖方将有较强议价能力。同时，若卖方能够便捷地向零售端延伸实现前向一体化；而买方向生产端的能力较弱，即后向一体化较困难时，卖方议价能力亦较强。

2.3.1.5 现存竞争者之间的竞争

对于相同行业中的企业，彼此之间存在着利益相关又彼此竞争的关系，将其紧密联系在一起。行业内的企业整体战略目标基本在于使得企业自身获得相对竞争优势，这就导致了在实施中企业之间产生的冲突与对抗现象，继而构成了现存企业竞争者之间的竞争。这些竞争通常体现在广告、价格、产品介绍、售后服务等方面。当行业门槛较低，市场趋于成熟，产品需求增长缓慢，竞争参与者范围广泛且势均力敌的竞争对手较多，且竞争者提供几乎相同的产品或服务时，现存竞争者之间的竞争较激励。而竞争者之间企图采用降价等手段促销、用户转换成本偏低、退出障碍较高时，竞争情况也较为剧烈。

波特五力模型将管理学与产业经济学结合在一起，突出了五种竞争力量的抗争中所蕴含的三类成功战略思想，即成本领先战略、产品差异化战略和集中战略。具体而言，波特五力模型与这三类战略之间的联系如表 2-1 所示。

表 2-1　　　　　　　　波特五力模型与企业战略的关系

行业内的五种力量	成本领先战略	产品差异化战略	集中战略
进入壁垒	低成本具备价格优势以阻止其他潜在竞争者的进入	培育顾客忠诚度和增加转换成本，挫伤潜在进入者的信心	基于集中战略建立自身核心竞争力，阻止潜在竞争者进入
替代品的威胁	利用较低价格抵御替代品	顾客对差异化产品的习惯降低替代品威胁	依靠核心竞争力和产品优势防止替代品威胁
买方议价能力	具备向大买家提供更优惠价格的能力	选择范围小而削弱了大买家议价能力	集中战略减少买方选择范围降低买家议价能力
卖方议价能力	具备向大卖家砍价的能力	将卖方涨价部分转移给顾客	将集中战略卖方涨价部分转移给顾客
现存竞争者之间的竞争	能更好地进行价格竞争	依靠品牌和产品差异提升顾客忠诚度	集中战略使竞争对手相对创新竞争优势偏弱

需要指出的是，波特五力模型的实践运用更多地被应用于理论思考过程中，其在制定战略过程中，需要对行业信息与环境有较全面的认识，这在一定程度上增加了波特五力模型在分析的难度。此外，波特五力模型强调行业内或行业间企业的竞争关系，对当前以虚拟企业为代表的企业协同行为的关注较少。同时，波特五力模型在分析过程中还假定市场规模较为固定，对行业企业在竞争中不断创新实现对市场容量的开拓考虑不足。因此，在利用波特五力模型进行商务决策分析的过程中，需要根据行业领域及市场环境的变化灵活处理以上问题，以波特五力作为基础，综合考虑协同创新与拓展等行业市场行为，为商务决策提供全面的支撑依据。

2.3.2　SWOT 模型

SWOT 模型，又称为态势分析法，是用来确定企业自身的竞争优势、竞争劣势、机会和威胁，从而将企业的战略与企业内部资源、外部环境有机地结合起来的一种科学的分析方法。它作为一种常用的战略规划工具，通常被用于分析企业内外竞争环境与条件而形成企业战略的参考依据。

基于 SWOT 的分析过程，实则是基于企业内外部竞争环境和竞争条件下的态势分析，通过调查列举与以企业为主的研究对象密切相关的各种主要内部优势、劣势，以及外部的机会和威胁等，并依照矩阵形式排列，然后用系统分析的思想，把各种因素进行关联和比较分析，从中得出具有决策性的一系列相应的结论。运用这种方法，可以对以企业为主的研究对象所处的竞争环境进行全面、系统、准确的研究，并支撑企业相应发展战略、计划以及对策等的制定。

从企业竞争战略上看，战略应是一个企业"能够做的"（即企业的优势和劣势）和"可能做的"（即环境的机会和威胁）之间的有机组合。其中，优势即为"S"（Strengths），劣势即为"W"（Weaknesses），机会即为"O"（Opportunities），威胁即为"T"（Threats）。SWOT 分析模型如图 2-2 所示。

不难发现，SWOT 的四个要素可以划分成两类，即内部能力相关的优势与劣势分析（SW）以及外部环境相关的机会与威胁分析（OT）。具体而言，内部能力优势与劣势分析，须立足于企业价值链各个环节，站在潜在客户的视角，与行业内竞争对手或潜在竞争对手进行详细对比，考察自身产品的新颖性、制造工艺成熟度、销售渠道畅通程度、价格市场竞争力等方面，其竞争优势也在一定程度上体现了企业的关键成功因素。外部环境机会与威胁的分析则充分考察行业领域市场机遇以及替代品或新进入者的威胁，寻找企业产品的创

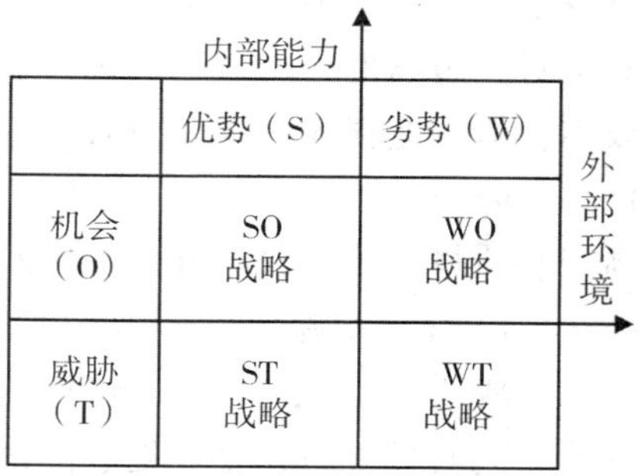

图 2-2　SWOT 分析模型

新与市场细分方向，追求更高的利润或价值。

　　在 SWOT 分析中，通过内部能力优势与劣势、外部环境机会与威胁的归纳，旨在从四个战略层面为管理决策提供参考依据，分别是：优势—机会（SO）战略、劣势—机会（WO）战略、优势—威胁（ST）战略和劣势—威胁（WT）战略。

2.3.2.1　优势—机会（SO）战略

　　SO 战略是一种理想的战略模式，即发展企业内部能力优势与利用外部市场环境机会的战略。当企业具有行业内特定的比较优势，且外部市场环境又能为这种优势的发挥提供便利条件与机会时，可以采取该战略。例如，企业产品在差异化竞争中，其在某一功能上具有创新突破，而市场中顾客普遍偏好这一创新功能，这就形成了该产品良好的市场前景，即适合采用 SO 战略。

2.3.2.2　劣势—机会（WO）战略

　　WO 战略旨在利用外部市场机会来弥补企业内部的劣势，使企业实现竞争劣势向获取优势突破的战略。当外部市场存在机会，但由于企业存在一些内部劣势而妨碍其把握机会时，可采取措施先克服这些劣势再尝试利用市场机会。例如，企业现存的劣势在于原材料供应不足，导致生产能力闲置和单位成本上升的情况。而此时产品市场前景可能预期较为乐观，企业在进行扩大销售之前，需要首先扩大供应商规模，重构企业价值链，以保证原材料供应，来克服企业的劣势，再进一步利用市场外部机会。

2.3.2.3　优势—威胁（ST）战略

　　ST 战略是指企业利用自身能力优势，回避或减轻外部市场威胁对企业所

13

造成的影响。当企业面临市场门槛较低、潜在进入者较多等可能出现的市场威胁时，需要利用企业自身诸如生产成本与质量控制、销售渠道或产品创新功能等竞争优势降低竞争对手对其市场地位的影响。例如，市场新进入竞争对手利用新技术大幅度降低成本，给企业很大成本压力时，企业需要借助于自身的品牌效应和原有的渠道优势，防止其处于竞争中不利的地位，并及时改进生产工艺和开发新工艺，提高产品质量，从而回避外部市场威胁的影响。

2.3.2.4　劣势—威胁（WT）战略

WT 战略是一种防御性战略，旨在减少内部弱点并回避外部市场环境威胁。当企业劣势和市场威胁同时显现时，企业处于内忧外患的境地并面临生存危机。此时，一方面企业可能存在技术过时、设备老化、生产能力不足等问题；另一方面，市场创新技术大幅降低了运营成本，顾客对传统产品功能已出现疲劳型心理，这时将迫使企业采取目标聚集战略或差异化战略，规避出现的成本与技术劣势，以及随之而来的市场威胁的同时，尝试寻找新的市场机会。

同样值得指出的是，在 SWOT 模型分析的过程中，尽管其应用领域广泛，但也会碰到模型的适应性问题，其缺陷主要表现为：

①人们对优势、劣势、机遇和挑战的识别可能数量较多，存在琐碎不利于管理的局面。必须付出巨大的努力消减到合理的数量，通常是合并相似的因素或者剔除过于琐碎的因素。一般总数为 30~40 个优势、劣势、机遇和挑战是可处理的，而超过这个数量将容易导致理解上的困难。

②SWOT 分析部分要素的归属存在一定争议，在一定程度上依赖于分析者对市场环境和企业本身的认识与经验，这就可能导致不一致的情况出现。例如，资深的员工接近退休年龄，其可理解为一个机遇，因为会为企业补充新鲜血液；亦可理解为一个劣势，因为会带来经验的损失。

③SWOT 分析在对优势、劣势、机遇和挑战识别并基于表格进行列举后，并未进一步解释接下来该做什么，这同样需要企业管理层进一步地思考。

因此，在利用 SWOT 模型进行商务决策分析的过程中，同样需要根据企业自身能力和发展现状，以及市场环境的变化灵活归纳并处理优势、劣势、机遇和威胁这四方面要素，综合考虑企业战略目标规划，为商务决策提供战略支撑依据。而为了解决 SWOT 模型所面对的缺陷，TOWS 模型被提出以推导行动方案和战略。

SWOT 转变为 TOWS 的理由是在考虑劣势和优势之前，如果首先考虑外部的挑战和机遇，那么这个分析过程和结论将更为有效。这是由于优势和劣势是组织内在具有的性质，而机遇和挑战来自于外部环境或背景，对于涉及即刻行动的问题，存在于当前的环境中的机遇和挑战更为关键，而对未来的研究则相对重要性较低。简而言之，相较而言机遇和挑战均依赖于分析和预测时的背景，优势和劣势则相对保持不变，并能在不同机遇和挑战下进行检验。

2.3.3 平衡计分卡

平衡计分卡是一种驱动企业业绩的评价指标体系，由 Kaplan 和 Norton 提出，最初旨在找出超越传统以财务量度为主的绩效评价模式，其理论框架通过财务、客户、内部流程、学习和成长四个维度综合评价组织的经营业绩，以使组织的"策略"能够转变为"行动"。经过 20 余年的发展，平衡计分卡现已发展为企业或集团通过图（战略地图）、卡（平衡计分卡）、表（单项战略行动计划表）进行战略管理工具的重要组成部分，它具有层次分明、量化清晰等特点，在战略规划与执行管理方面发挥非常重要的作用。

平衡计分卡的四个维度的设计目的是要建立实现企业战略的绩效管理系统，从而确保企业战略的有效实施。平衡计分卡系统具体包括战略地图、平衡计分卡、个人计分卡、指标卡、行动方案及绩效考核量表等。通过四个维度指标相互支持的目标值的监控，将组织的愿景、使命和战略转化为具体、可执行的指标和行动，并在直观的图表及职能卡片的展示下，抽象并概括部门职责、工作任务与承接关系等，详细描述了一个业务单元如何通过持续提升人员、系统和文化来驱动内部流程优异运作，从而增进与客户的良好关系并最终创造股东价值。

具体而言，平衡计分卡四维度及其考察内容归纳如下：

2.3.3.1 财务维度

财务维度通常与获利能力有关，旨在回答企业的股东在财务方面的期望是什么。财务维度指标可以显示企业的战略及其实施和执行是否对改善企业盈利作出贡献，其衡量指标包括销售额、营业收入、现金流量、资本报酬率、经济增加值等。

2.3.3.2 客户维度

客户维度是为了使企业的管理者能够阐明客户和市场战略，从而创造出出色的财务回报，旨在回答为达到企业的财务目标应该怎样为客户创造价值。客户维度管理者确立了其业务单位将竞争的客户和市场，以及业务单位在这些目标客户和市场中的衡量指标，其指标通常包括客户满意度、客户保持率、客户获得率、客户盈利率，以及在目标市场中所占的份额等。

2.3.3.3　内部流程维度

内部流程维度旨在回答企业或组织要注重哪些流程的高效运营才能使客户和股东满意。管理者要确认组织必须擅长的关键的内部流程,这些流程帮助企业吸引和留住目标细分市场的客户,提供价值主张,并满足股东对卓越财务回报的期望。

2.3.3.4　学习和成长维度

学习和成长维度确立了企业长期成长和改善的基础框架,确立目前和未来成功的关键因素,旨在回答企业或组织如何整合人员、系统和文化这些无形资产去改进关键流程。为了弥补平衡计分卡在前三个层面所揭示的企业实际能力与实现突破性业绩所必需的能力之间的差距,企业必须关注员工创新素质的培养以及组织成长的梳理,如员工满意度、员工保持率、员工培训和技能等,以及这些指标的驱动因素等指标。

平衡计分卡不仅仅是重要指标或重要成功因素的集合,而应当包含一系列相互联系的目标和指标,通过这些指标间的因果关系提供了把战略转化为可操作内容的一个框架。根据因果关系,对企业的战略目标进行划分,可以分解为实现企业战略目标的几个子目标,这些子目标是各个部门的目标,同样各中级目标或评价指标可以根据因果关系继续细分直至最终形成可以指导个人行动的绩效指标和目标。

例如,投资回报率作为平衡计分卡的财务指标之一,其驱动因素可能是客户的重复采购和销售量的增加,而这二者是客户满意的体现。因而,客户满意度也被纳入平衡计分卡的客户层面。基于客户偏好分析,按时交货率亦是客户比较重视的指标,即按时交付程度的提高会带来更高的客户满意度,进而提高财务业绩。于是,客户满意度和按时交货率都被纳入平衡计分卡的客户层面。而较佳的按时交货率又通过缩短经营周期并提高内部过程质量来实现,因此这两个因素就成为平衡计分卡的内部经营流程指标。进而,企业要改善内部流程质量并缩短周期的实现又需要培训员工并提高他们的技术,员工技术成为学习与成长层面的目标。这就是一个完整的因果关系链,贯穿平衡计分卡的四个层面。

借助平衡计分卡四个维度指标的衡量,企业或组织得以采取明确和严谨的手段进行战略计划的诠释。它既保留了传统意义上的财务指标用以衡量过去绩效,同时兼顾了对促成财务目标的绩效因素的衡量。此外,在支持企业或组织追求绩效之余,也督促组织行为应兼顾学习与成长,在因果关系的交互影响下,组织得以把产出和绩效驱动因素关联起来,利用衡量指标与其量度,将组织的战略使命和策略转变为一套前后连贯的系统绩效评核量度，把笼统且复杂的概念转化为精确的目标，进而寻求财务与非财务的衡量之间、短期与长期的目标之间、落后的与领先的指标之间，以及外部与内部绩效之间的平衡。

基于平衡计分卡的四个维度，按照企业协同的发展理念和战略思路，还可以进一步形成企业协同相关平衡计分卡，其价值来源和指标设置如表 2-2 所示。

表 2-2   企业协同平衡计分卡

企业计分卡	企业战略价值来源（指标）
财务协同	内部资本管理：通过有效的内部资本和劳动力市场的管理创造协同
	企业品牌：将多元业务整合在同一品牌下，宣传推广共同的价值观和主题
客户协同	交叉销售：通过在多个业务单元内不同产品的交叉销售创造价值
	共同价值定位：通过在所有店面统一标准，创造一致的消费体验
内部流程协同	共享服务：通过共享关键支持流程中的系统、设备和人员形成规模经济效应
	整合价值链：通过行业价值链内相连的流程进行整合而创造价值
学习和成长协同	无形资产：共享人力资本、信息资本和组织资本的发展

2.4 实验项目

2.4.1 社会化电子商务平台波特五力模型实验

社会化电子商务（Social Commerce）是电子商务的一种新的衍生模式。它借助社交网站、SNS、微博、社交媒介、网络媒介的传播途径，通过社交互动、用户自生内容等手段来辅助商品的购买和销售行为。社会化电子商务的应用形式包括社交购物、评级和评论、推荐、论坛和社区、社会化媒体优化、社交广告及应用。借助于社会电子商务平台，电子商务活动得以融入社会化交互特征，促使电子商务的个性化、定制化与交互分享化转变。具体而言，典型的社会电子商务平台可分为：图片加兴趣的形式（如花瓣网）、基于共同兴趣的社会化电商模式（如蘑菇街、美丽说）、媒体导购的形式（如逛逛网）、线下消费线上导购的形式（如大众点评网）。本实验以大众点评网为例进行社会化电子商务平台波特五力模型的实验。

　　大众点评网 2003 年 4 月成立于上海，是中国领先的本地生活信息及交易平台，也是全球最早建立的独立第三方消费点评网站。大众点评不仅为用户提供商户信息、消费点评及消费优惠等信息服务，同时提供团购、餐厅预订、外卖及电子会员卡等 O2O 交易服务。截至 2015 年第一季度，大众点评月活跃用户数超过 2 亿，点评数量超过 7500 万条，收录商户数量超过 1400 万家，覆盖全国 2500 多个城市及美国、日本、法国、澳大利亚、韩国、新加坡、泰国、越南、马来西亚、印度尼西亚、柬埔寨、马尔代夫、毛里求斯等近百个热门旅游国家和地区。截至 2015 年第一季度，大众点评月综合浏览量（网站及移动设备）超过 150 亿，其中移动客户端的浏览量超过 85%，移动客户端累计独立用户数超过 2 亿。目前，除上海总部之外，大众点评已经在北京、广州、天津、杭州、南京等 160 多座城市设立分支机构。

　　大众点评网如图 2-3 所示。在大众点评网上，用户不仅可以自由随意地对包括饮食娱乐、住宿、旅行在内的诸多领域发表自己的评论和看法，还可以从中获取丰富到位的消费信息帮助做出消费决策。利用波特五力模型实验，可以总结并归纳大众点评网的市场竞争环境与状况。

图 2-3　大众点评网

2.4.1.1 进入壁垒

对于团购类网站而言，其行业进入壁垒相对较低，且商业模式容易被效仿，这也是导致"千团大战"的关键原因之一。历经"千团大战"之后，团购类网站市场格局较为清晰，即行业内前五名已经占据90%市场份额，留给其他团购品牌以及新进入者的空间非常有限。随着行业集中度提高，各大团购网站尤其是行业龙头团购品牌地位日渐巩固，其经营情况会日益好转。这也意味着，当前团购网站虽然线上技术门槛低，但线下运营门槛较高，行业进入壁垒已明显提升。

2.4.1.2 替代品威胁

当下O2O已经成为电商领域的主流趋势，背靠百度、阿里巴巴、腾讯的三家团购网站也都涉足O2O，或以内部资源或与寻求外部合作伙伴进行布局。O2O生活服务电商注定是市场趋势所在，也将会为消费者提供更多便利、为商户提供更多发展契机。结合LBS技术与O2O尤其是社区O2O，形成的新型服务产品将有可能成为大众点评网的替代品，并影响到大众点评网的服务功能设计和用户流量，形成替代品威胁。此外，社交类应用网站利用其交互优势向电子商务领域的拓展，也将产生替代品威胁。

2.4.1.3 买方议价能力

当购买力量有限时，消费者只能被迫决定是否接受商家制定的价格，而无法要求大幅度的折扣让利，但通过团购的形式，有相同购买意愿的来自不同地区的网友集中起来，购买同一款产品，就可以通过购买量来提高议价能力。而随着买方对团购市场的熟悉，他们在选择商品时会更多地比较多家团购网站，并关注其他消费者对网站和商家的评价，由此买方议价能力得以提升。

2.4.1.4 卖方议价能力

就团购网站而言，大众点评的盈利方式包括提成、优惠券返点、消费卡返点、商户推荐和排名、会籍权益合作。总体来看，团购平台用户数、品牌度是非常重要的，因为只有用户数和品牌第一，那么会对商户产生更大吸引力，更具有议价权。也就是说，对于像美团、大众点评这类市场占有率较高的团购网站而言，卖方议价能力相对较弱。

2.4.1.5 现存竞争者之间的竞争

就当前市场份额而言，美团作为行业第一优势较为明显，市场份额已经超过50%，而大众点评、百度糯米、窝窝、拉手的市场份额分别是25%、10%、

5%、4%。这些市场中现有的竞争者，基本采取 O2O+SOLOMO 的模式，强调其中的社交、本地和移动属性。相较而言，大众点评网拥有较为庞大的商户资料和忠实的客户群，用户流量较大，且大部分为具有较强消费能力的年轻白领。这些用户充分利用大众点评网的点评功能属性，进行消费体验的分享与推荐，形成良好的 O2O 闭环。当前的竞争已由单纯的服务类团购向实物类团购进行了转变，并逐步向商城化转型。此外，现在市场中的竞争者还包括聚划算、QQ 团购、京东商城团购等平台式团购网站，它们提供交易的平台，自身并不参与团购商品的实际交易部分。

2.4.2　在线学习平台 SWOT 模型实验

随着互联网络技术和教育信息化发展，单一传统课堂授课式的教学模式已逐渐与在线学习相结合，形成多元交互式教学。在线学习属于一种网络化学习方式，是在互联网环境中组织并提供课程与学习的形式。教师组织教学资源并在网上完成授课，学生在网上学习其需要的知识，此外师生之间还可在线进行交流与问题讨论。在线学习依赖于在线学习平台的构建，其既可实现学习资源的共建共享，亦可实现即时交互式、个性化教学。由于在线学习平台为学习者提供了丰富的教育资源和有效学习支持系统，其逐渐成为全民终身学习的新方式。

当前语言教学市场发展迅猛，除了线下教学之外，通常还附带有一些培训机构所提供的网络课程供学生进行学习。而在线语言教学类网站提供的服务一般都是线上查询，然后线下提供服务，比如易教网、58 同城、赶集网等，这些网站服务对象受服务形式所限。此外，语言教学内容也主要体现在英语、法语、德语、日语、韩语等外语教学上，对中文尤其是中国方言的教学上有所匮乏。例如，当前在网上学习粤语的人不在少数，这些人群中既有粤语爱好者，也有将去粤语地区学习和工作的人，这些人群虽比较分散，但所形成的市场诉求并不如想象中狭窄。基于此，有人提出了在线语言学习平台的建设思路，整合中国方言教学等特色语言在线教学资源，在语言教学有意义学习的同时，吸纳有特殊语言学习需求的零散、分布式用户群体。

本实验以该在线语言学习平台建设项目为例进行 SWOT 分析。

2.4.2.1　优势

该项目整合外语教学资源和中国方言教学资源，具备多语言教学的特色，师资专业语言教学技能强，在线语言学习平台以功能模块为主进行建设，具有一定的可拓展性和经济性，核心员工以年轻人为主，薪酬要求较合理，具有创建中国在线语言学习第一平台的目标并为之奋斗的热情与信心。

2.4.2.2　劣势

该项目在语言教学资源的丰富性上还有待积累和进一步完善，在组织结构和资金流上的灵活性有限，且作为初创平台在线学习平台需要付出较高的前期投入成本，行业内知名度较低，有待宣传推广。

2.4.2.3　机会

互联网技术和在线学习产业的发展，为线上语言类教育奠定了基础，在线教育平台建设技术与服务模式日渐成熟，而终身学习意识以及方言学习需求促使多语言教学等在线语言教育内容丰富，当前在线语言教学的平台相对较少，市场的竞争压力小。

2.4.2.4　威胁

市场中现有的在线语言学习平台的转型将会为该项目带来潜在竞争威胁，其他语音学习设备等的发展与教育业务的开拓也可能带来交叉竞争，此外，语言教学资源网上教师资源的安全性，以及服务器等设备受访问量加大等因素影响的不确定性也可能对本项目的开展带来威胁。

综合而言，在线语言学习平台 SWOT 战略如表 2-3 所示。

表 2-3　　　　　　　　在线语言学习平台 SWOT 分析表

	优势（Strengths）	劣势（Weaknesses）
内部能力	• 核心员工以年轻人为主，专业语言教学技能强，薪酬要求较合理 • 多语言教学的特色 • 平台建设成本的经济性	• 初创平台知名度低 • 平台语言教育资源的缺乏与服务不够完善 • 组织结构、预算、费用等方面的灵活性不足
外部因素	• 具有创建在线语言学习领先平台的目标并为之奋斗的热情与信心	• 硬件设备定期维护的成本

续表

机会（Opportunities）	SO 战略	WO 战略
• 市场经济的发展与互联网产业的兴起，线上教育受到广泛的关注 • 受众群体及需求的多样性催动了在线教育内容的丰富 • 在线语言教学的平台相对较少，市场的竞争压力小 • 随着信息技术的发展，在线教育平台建设的技术已经成熟	• 运用技术优势打造高质量的学习信息平台 • 抓住机会及早进入在线语言教学的行业竞争中获取先手优势 • 充分满足受众群体多样性需求的特点，提供多样化的语言教学课程 • 宣传在线语言学习的优势和特点，以及自身平台的专业优势、人才储备与成功案例	• 运用网络平台、广告等形式积极推广 • 积极争取语言及其他人才，同时加强人员培训 • 通过各种合法渠道募集资金支持 • 学习类似平台的先进经验 • 学习平台建设、维护、运营技术，自主开发自身的在线语言学习信息平台 • 积极与知名的教学专家联系合作，开展推广
威胁（Threats）	ST 战略	WT 战略
• 现有的在线语言学习平台的转型将会带来的竞争压力 • 语音工具的发展开拓教育业务带来的交叉竞争 • 教师资源的安全性 • 服务器等设备受访问量加大等因素影响的不确定性	• 进一步发展自身平台的同时，拓展自身的独特性优势功能与资源 • 与语音工具等开展合作，缩减自身的业务局限性 • 对于教师资源应当专门进行检查核实，以保证安全性，同时对于学生的账号安全等加强保护 • 定期维护软硬件，确保其稳定性	• 不能因知名度不够就盲目吸收低质或虚假教师资源 • 行业竞争加剧的可能性导致人才争夺情形的发生，应有预见性的吸引人才加盟 • 定期检查维护平台的软硬件设备，针对高峰时段应当提前安排好应对措施 • 合理划归、利用资金

2.4.3　控股集团平衡计分卡应用实验

Aktiva 是一家 1989 年创建于斯洛文尼亚的私人投资控股集团，其总部设于荷兰阿姆斯特丹，在米兰、伦敦、日内瓦、特拉维夫及卢布尔雅娜均设有办事机构，旗下 30 余家企业分布于全球 14 个国家。

Aktiva 的控股集团管理注重为旗下企业引进先进的管理理论、实践和管理规范，形成积极的治理路径，其最初的战略采用基于价值的管理和经济附加值指标作为下属公司的财务原则与重点目标。在实践中，Aktiva 发现了管理旗下企业更积极有效的方式，即要求每家旗下企业开发一套平衡计分卡来阐述并执行它们的战略。为了保证这一管理策略的执行，Aktiva 首先开发了一套总部的积极治理战略图和平衡计分卡，用以描述控股集团如何通过有效管理及治理旗下企业实现价值最大化，再以此为基础，帮助所有下属企业开发并执行各自的平衡计分卡。Aktiva 公司治理战略图如图 2-4 所示。

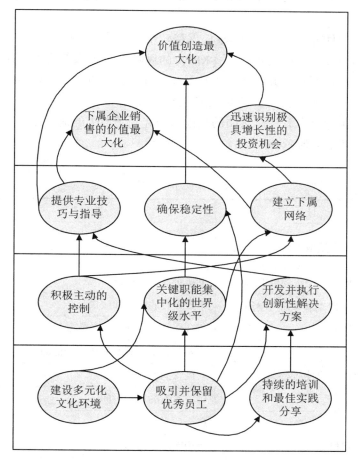

图 2-4　Aktiva 公司治理战略图

Aktiva 为控股集团平衡计分卡的制定和执行，成立了一个治理小组，小组管理人员深入到旗下各企业的现场，指导旗下企业管理层开发能够描述并帮助他们执行战略的战略图和平衡计分卡，同时提供日常性帮助。此外，治理小组的成员均参与旗下企业的激励计划之中，以便激励他们指导公司获得成功。

值得指出的是，控股集团旗下企业的所有中高层管理者均有一套与个人计分卡和企业计分卡连接的激励计划。而 Aktiva 的管理层，还会在每个季度甚至每个月与旗下企业的管理团队按照平衡计分卡衡量指标，进行平衡计分卡业绩回顾，并为解决现实问题和提升业绩提供建议。治理小组的成员也将加入这些日常性会议之中，以帮助总结企业知识和经验，利于集群内部交流和推广。

实施平衡计分卡之前，Aktiva 已保持较快增长速度，但始终存在一种过分关注单一的财务性关键绩效指标（KPI）的风险，这意味着此类快速增长的财务结果延续性得不到充分保障。通过平衡计分卡，得以将集团焦点从财务维度向其他三个维度转移，为集团长远发展提供保障。实践证明，Akitiva 利用价值管理和平衡计分卡方法对集团的积极治理起到了极大的促进作用，其基本平衡计分卡如表 2-4 所示。

表 2-4　　　　　　　　　　　Aktiva 集团平衡计分卡

	目　标	指　标
财务	价值创造最大化	净资产增长
		内部投资回报率
	下属企业销售的价值最大化	下属企业溢价净值
	迅速识别极具增长性的投资机会	新投资者的数量和质量
		新合作伙伴实现的业务数量和价值
客户	提供专业技巧与指导	主要控股企业对专业技巧增值的领悟
		新概念的实施数量
		每项实施的平均时间
	确保稳定性	现金危机
		信用额度（等级）
		保持长期良好关系金融机构数量
	建立下属企业网络	新目标关系户的数量和质量
		每个企业将关系户转化为长期关系的数量
		每个企业的企业之间共享的关系户的数量

续表

目 标		指 标
内部流程	积极主动地控制	所有层面聚焦战略并开发平衡计分卡的数量
		积极治理小组识别的新业务机会数量
		积极治理小组减少的损失量
	关键职能集中化的世界级水平	税收占利润的百分比（最优税收结构）
		交易产生的现金量最大化
		金融产品的成本减少量
	开发并执行创新性解决方案	被评估的解决方案数量
		首次实施的数量
		新方案实施的满意度
学习与成长	建设多元化文化环境	跨国团队的数量
		与 Aktiva 有业务关系的国家数量
	吸引并保留优秀员工	高端人才数量
		员工满意度及保持率
		成功识别"明星"员工
		成功管理业绩不佳员工
	持续的培训和最佳实践分享	被识别的有培训与发展需求的员工百分比
		来自外部培训所产生的新观点数量
		每个员工提出的内部培训建议数量

此外，还可进一步考察集团内不同企业、部门和其他组织单元与集团价值定位的协同程度，并构建组织协同检验表，如表 2-5 所示。其中，组织协同指数指标值可以根据企业在协同方面的侧重点进行相应权重的设置。

表 2-5　　　　　　　　组织协同检验表

协同查验点	子流程指标	指标值
①企业价值定位	企业价值定位明确 企业计分卡已确定	100%

续表

协同查验点	子流程指标	指标值
②董事会/股东协同	通过企业计分卡，董事会的职责与企业战略挂钩	100%
③企业办公室和支持单元的协同	企业支持单元与企业计分卡挂钩的比例（人力资源、IT、财务、其他）	100%
④企业办公室和业务单元的协同	业务单元与企业挂钩的比例	100%
⑤业务单元和支持单元的协同	业务单元和支持单元协同比例 ——与计分卡挂钩 ——服务协议	55%
⑥业务单元和客户的协同	建立平衡计分卡或服务协议的关键客户比例	40%
⑦业务单元和供应商/联盟的协同	建立平衡计分卡或服务协议的关键供应商的比例	30%
⑧业务支持单元和企业支持单元的协同	业务支持单元与企业支持单元挂钩的比例	80%

2.5　相关练习

2.5.1　练习（1）

电子商务全球化发展背景下，海购（或称海淘）已成为当前的一大主流趋势，其一般是通过互联网检索海外商品信息，并通过电子订购单发出购物请求，然后填上私人信用卡号码，由海外购物网站通过国际快递发货，或是由转运公司代收货物再转寄回国。近年来，不仅像亚马逊、京东等都开设了海淘平台，国内一些电子商务企业也纷纷涉足跨境 B2C 领域，例如洋码头、蜜淘，为消费者进行海购带来了极大的便利。试利用波特五力模型选择一家跨境电商企业对其竞争环境与战略进行决策分析。

2.5.2　练习（2）

生鲜电商领域是当前电子商务发展的一大热点。围绕对于年轻白领们来说的吃饭这一"大"问题，尽管外卖平台大量快速兴起并一定程度上满足了用户快速、方便的用餐需求，但关于如何教会并帮助年轻白领们做饭，还没有出现很好的解决方式。针对这一现状，"新味"是一个面向年轻白领，从吃饭场景入手，相对新颖的半成品生鲜电商模式。该电商企业以标准化程度相对较高的西餐食谱作为契入口，为用户提供所有需要的食材，并做好切配、清洗等琐碎工作，按量包装且送货上门。试调查"新味"的经营模式与现状，利用SWOT 模型或 TOWS 模型对其进行商务决策辅助分析。

2.5.3 练习（3）

互联网金融是一种依托于网上支付、云计算、社交网络以及搜索引擎，借助 APP 等互联网工具，实现资金融通、支付和信息中介等业务的新兴金融模式。随着互联网金融模式的兴起和被用户的普遍接受，其在吸引了一大批互联网创业企业的同时，许多传统金融行业企业如银行业、保险业也正开展着互联网金融产品转型与创新。试选择一家互联网金融企业，调查其企业运作情况，为其绘制企业治理战略图，并构建平衡计分卡。

2.6 相 关 知 识

O2O：Online To Offline 或者 Offline To Online，即将线下商务的机会与互联网结合在一起，实现电子商务活动中线上与线下的交互。

社区 O2O：针对居民小区开展的 O2O 电子商务服务模式，即通过网络将社区居民线上线下的生活无缝结合的一种商业模式。

LBS：Location Based Service，即基于位置的服务，是指通过电信移动运营商的无线电通信网络或外部定位方式，获取移动终端用户的位置信息，在 GIS平台的支持下，为用户提供相应服务的一种增值业务。

SOLOMO：由"Social"（社交的）、"Local"（本地的）、"Mobile"（移动的）三个单词的开头两个字母组合而成的，连起来就是"社交本地移动"，也即社交加本地化加移动，代表着未来互联网发展的趋势。

组织协同：将企业、业务单元、支持单元、外部合作伙伴、董事会与公司战略进行连接。

治理流程：连接企业战略与计划、预算、报告和管理层评估会议。

第3章 盈亏平衡模型实验

3.1 实验目的与要求

本章将学习盈亏平衡模型及其在商务决策中的应用，通过本章的学习与实验操作，旨在达到以下目的与要求：

（1）掌握盈亏平衡模型中的总收益、总成本计算方法，以及盈亏平衡点的求解过程；

（2）学习利用 Excel 工具求解盈亏平衡模型的方法与操作步骤；

（3）学习盈亏平衡模型的敏感性分析方法；

（4）培养基于盈亏平衡模型的商务决策分析能力。

3.2 实 验 准 备

Microsoft Excel 2007 或其他版本。

3.3 实 验 基 础

盈亏平衡分析（Break-even Analysis）又称保本点分析或本量利分析法，是根据企业投资项目中产品的产量（或销量）、成本、利润之间的相互制约关系的综合分析，用来判断经营状况，预测项目利润与风险，实现成本控制的一种数学分析方法。

盈亏平衡分析的目的就是找出临界值，即盈亏平衡点（Break－even

Point），判断企业决策方案对不确定因素变化的承受能力，为决策提供依据。盈亏平衡点越高，说明项目盈利可能性越小，亏损可能性越大，项目具有风险；相反，盈亏平衡点越低，说明项目盈利的可能性越大，亏损的可能性越小，项目有较强的抗经营风险能力。

3.3.1 收益分析

3.3.1.1 总收益（Total Revenue，TR）

总收益指企业销售产品所获得的收益，在产品价格不变的情况下，总收益等于所售产品的价格乘以产品的销售量。假设所售产品的销售价格为 P，产品的销售量为 q，则总收益为：

$$TR = P \times q$$

3.3.1.2 平均收益（Average Revenue，AR）

平均收益指企业所销售产品平均每个产品获得的收益，平均收益等于总收益除以销售量。需要注意的是，在价格不变的情况下，平均收益等于产品的销售价格；而价格随销售量变动时，平均收益不一定等于价格。

$$AR = \frac{TR}{q} = \frac{P \times q}{q} = P$$

3.3.1.3 边际收益（Marginal Revenue，MR）

边际收益指企业每多销售一单位的产品所带来的收益增量，也可理解为企业售出最后一个单位产品所带来的收益增量，边际收益等于总收益的改变量除以销售量的改变量。在产品销售价格不变时，不管产品的销售量是多少，边际收益也保持不变；如果价格随销售量的变化而变化，则边际收益也会相应发生变化。

$$MR = \frac{\Delta TR}{\Delta q}$$

3.3.2 成本分析

3.3.2.1 固定成本（Fixed Cost，FC）

固定成本指企业在一定时期内，投入的诸如厂房租金、购买机器设备的费用等成本，其不受业务量增减变动影响，保持不变。

3.3.2.2 可变成本（Variable Cost，VC）

可变成本指企业在一定时期内，在可变投入品上付出的诸如一般劳动力、原材料等费用。单位产品可变成本乘以产量 q 将得到总可变成本（Total

Variable Cost，TVC）。

$$TVC = VC \times q$$

3.3.2.3 总成本（Total Cost，TC）

总成本指企业的固定成本与总可变成本之和。

$$TC = FC + TVC = FC + VC \times q$$

3.3.2.4 平均成本（Average Cost，AC）

总成本指企业平均生产单位产品付出的成本，即总成本除以产量。

$$AC = \frac{TC}{q}$$

3.3.2.5 边际成本（Marginal Cost，MC）

边际成本指企业每多生产一个单位的产品所带来的总成本的增加值，即总成本的改变量除以产量的改变量。如果单位产品的可变成本是固定的，即与产量 q 无关，所以边际成本等于单位产品的可变成本，也等于总成本直线的斜率。

$$MC = \frac{\Delta TC}{\Delta q}$$

3.3.3 盈亏平衡分析

3.3.3.1 利润（Profit）

利润指企业通过销售产品获得的总收益减去生产产品所需的总成本的差额。

$$Profit = TR - TC$$

3.3.3.2 盈亏平衡点（Break-even Point）

盈亏平衡点又称盈亏临界点、保本点或零利润点，通常是指企业销售总收益等于总成本时（TR 线与 TC 线的交点）的产量，也即利润为零的产量。

$$TR = TC$$

对于一般情况下的盈亏平衡模型而言，其盈亏平衡分析有两个基本假设前提：

①不管企业销售量是多少，产品价格都保持不变；

②不管产品产量是多少，产品的单位可变成本都是常数。

在对企业许多生产问题的处理上，以及集团性的生产销售分析中，由于获取关于固定成本和可变成本的精确数据较为困难，同时企业在日常管理决策中也常常会改变盈亏平衡点。因此，对盈亏平衡"点"的最佳估计，反映在图中，实际上可视为一个包括该点本身的较大的"斑块"。

3.3.4 盈亏平衡模型敏感性分析

衡量当模型的输入条件存在不确定性或发生变化时，分析模型是否还合适，同时分析模型的结果会如何发生变化，变化程度如何。这种发生在模型求解后的分析，称为模型的敏感性分析。模型的敏感性分析可以细分为模型敏感性的定性分析和模型敏感性的定量分析。

3.3.4.1 模型敏感性的定性分析 （Qualitative Analysis）

分析当模型的输入条件发生变化时，模型相关变量的变化方向；对于盈亏平衡模型敏感性的定性分析，可分别按价格、固定成本和可变成本的变动方向进行预测，如表 3-1 所示。

表 3-1　　　　　　　　　盈亏平衡模型的敏感性定性分析

变量	输入变化	曲线变化	盈亏平衡点变化
价格	增长	TR 向上转动	沿 TC 向下移动
	下降	TR 向下转动	沿 TC 向上移动
固定成本	增长	TC 向上平移	沿 TR 向上移动
	下降	TC 向下平移	沿 TR 向下移动
可变成本	增长	TC 向上转动	沿 TR 向上移动
	下降	TC 向下转动	沿 TR 向下移动

3.3.4.2 模型敏感性的定量分析 （Quantitative Analysis）

分析当模型的输入条件发生变化时，模型相关变量的变化数值大小。对于盈亏平衡模型敏感性的定量分析，将根据价格、固定成本和可变成本的具体变化值，导致盈亏平衡点对应产量数值上的相应变化，可通过方程组求解得出。

3.4　实　验　项　目

某移动硬盘制造商每天最大的生产能力为 500 个，生产该移动硬盘所投入的设备等平均每天的固定成本为 10 万元，可变成本为 200 元，移动硬盘售价为每个 600 元，试对该厂商进行盈亏平衡分析。

3.4.1　数据的录入

令固定成本记为 FC，可变成本记为 VC，商品的价格记为 P，商品的产量记为 q，商品的总成本记为 TC，商品的总收益记为 TR，商品的利润记为 Profit。

3.4.1.1　基本信息的输入

在单元格 A1 中输入分析项目名称，如：某移动硬盘制造商盈亏平衡分析。

在单元格 A3 和 B3 中分别输入"FC"和"100000"。

在单元格 A4 和 B4 中分别输入"VC"和"200"。

在单元格 A5 和 B5 中分别输入"P"和"600"。

3.4.1.2　产量的输入

在单元格 A7 输入产量名称"q"。

在单元格 A8 输入产量初始值"0"。

为了便于观察，令产量按每 50 个产品为一个单位进行递增，在单元格 A9 输入公式"=A8+50"，表示单元格 A9 的值为单元格 A8 的值加上 50 的结果，即显示 50。

选择单元格 A9，再将鼠标移至单元格 A9 右下方，待出现黑色"+"时，向下拖动至单元格 A18，可得到在该厂商每日生产范围内的各产量值。

3.4.1.3　总成本的输入

在单元格 B7 输入总成本名称"TC"。

总成本的计算公式为：TC=FC+VC×q。

因而，在单元格 B8 输入公式"=＄B＄3+＄B＄4＊A8"。

符号"＄"表示绝对引用，即 B3 是绝对引用单元格，其代表将公式复制到其他单元格时，B3 的位置和数值保持不变。若非绝对引用单元格，则会随着公式复制到其他单元格而发生改变。如将 B8 内的公式复制到 B9 时，其公式对应为"=＄B＄3+＄B＄4＊A9"。

选择单元格 B9，将鼠标移至单元格 B9 右下方，待出现黑色"+"时，向下拖动至单元格 B18，可得到在该厂商每日生产范围内，与产量对应的总成本数值。

3.4.1.4　总收益的输入

在单元格 C7 输入总成本名称"TR"。

总收益的计算公式为：TR=P×q。

因而，在单元格 C8 输入公式"= ＄B＄5＊A8"。

选择单元格 C9，将鼠标移至单元格 C9 右下方，待出现黑色"+"时，向下拖动至单元格 C18，可得到在该厂商每日生产范围内，与产量对应的总收益数值。

3.4.1.5 利润的输入

在单元格 D7 输入总成本名称"Profit"。

总收益的计算公式为：Profit=TR-TC。

因而，在单元格 D8 输入公式"=C8-B8"。

选择单元格 D9，将鼠标移至单元格 D9 右下方，待出现黑色"+"时，向下拖动至单元格 D18，可得到在该厂商每日生产范围内，与产量对应的利润数值。

至此，我们得到了该厂商盈亏平衡分析数据表的输入，如图 3-1 所示。

	A	B	C	D
1	某移动硬盘制造商盈亏平衡分析			
2				
3	FC	100000		
4	VC	200		
5	p	600		
6				
7	q	TC	TR	Profit
8	0	100000	0	-100000
9	50	110000	30000	-80000
10	100	120000	60000	-60000
11	150	130000	90000	-40000
12	200	140000	120000	-20000
13	250	150000	150000	0
14	300	160000	180000	20000
15	350	170000	210000	40000
16	400	180000	240000	60000
17	450	190000	270000	80000
18	500	200000	300000	100000

图 3-1 移动硬盘制造商盈亏平衡模型数据表

通过移动硬盘制造商盈亏平衡模型数据表可知，当产量 q 为 250 个时，利润为 0 元，即盈亏平衡点为（250，150000）。

3.4.2 盈亏平衡模型图形构建

根据盈亏平衡模型数据表，可构建 XY 散点图来进行盈亏平衡模型图形构建，其中 X 轴为产量 q，Y 轴则为 TC、TR 或 Profit。构建步骤为：

3.4.2.1　插入 XY 散点图

选定数据区域 A7 至 D18，插入 XY 散点图中的"带直线和数据标记的散点图"，并点击确定，如图 3-2 所示。

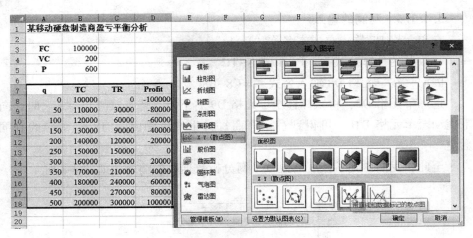

图 3-2　盈亏平衡模型图形构建（1）

执行上述操作后得到默认的盈亏平衡模型图形，如图 3-3 所示。

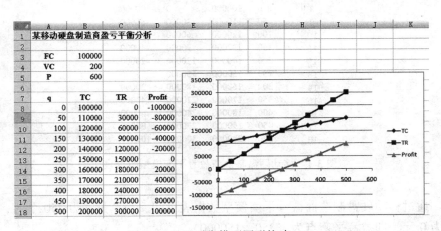

图 3-3　盈亏平衡模型图形构建（2）

3.4.2.2　对图形修改

如若默认图形与相关要求不符，可对图形进行修改。

如需要改变横坐标的刻度单位，可选择图形，在"图标工具"选项卡中，依次选择"布局"、"坐标轴"、"主要横坐标轴"、"其他主要横坐标轴选项"，在坐标轴选项中，更改主要刻度单位为"固定，50.0"，如图3-4所示。

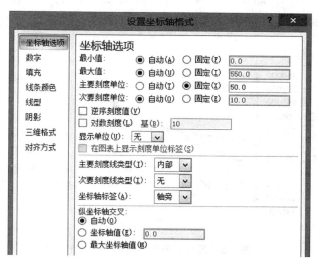

图3-4　盈亏平衡模型图形构建（3）

同时，如若希望增加横坐标的箭头，可在"其他主要横坐标轴选项"中的"线型"选项内，更改箭头设置的"后端类型"，如图3-5所示。

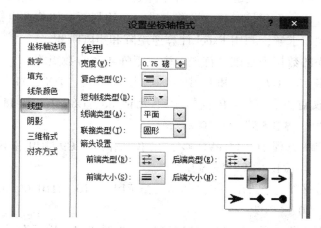

图3-5　盈亏平衡模型图形构建（4）

同理，可以对纵坐标轴作相应修改。

如若要在图形中去掉网格线，则可依次选择"布局"、"网格线"、"主要横网格线"，并设置为"无"。

如若要进一步添加图形的标题和坐标轴标题，则可分别选择"图标标题"和"坐标轴标题"进行添加。修改后的图形如图 3-6 所示。

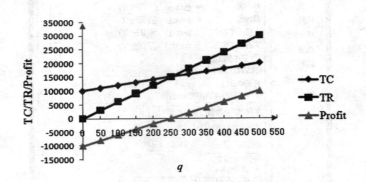

图 3-6　盈亏平衡模型图形构建（5）

从图 3-6 可以直观地看出，TR 斜率相比 TC 更大，TR 与 TC 相交于（250，150000），即盈亏平衡点。此时，Profit（$q=250$ 时）取值为 0，也即总收益等于总成本。

值得指出的是，现实的盈亏平衡分析更为复杂，很难通过图形或数据表直接观测到精确解，而只是对盈亏平衡点进行大致判断。如若求出精确解，需要进行线性方程组求解，利用 Excel 计算逆矩阵和矩阵乘积。

以本例中的数据为基础，首先，构建矩阵 A 和常数矩阵 b。

在单元格 F7、G7、H7 和 I7 中分别输入"TR"、"TC"、"q"和"b"。

对于总收益方程 $TR = P * q$，在单元格 F8、G8、H8 和 I8 中分别输入"1"，"0"，"$=-\$B\$5$"和"0"。

对于总成本方程 $TC = FC + VC * q$，在单元格 F9、G9、H9 和 I9 中分别输入"0"，"1"，"$=-\$B\$4$"和"$=\$B\$3$"。

对于盈亏平衡方程 $TR = TC$，在单元格 F10、G10、H10 和 I10 中分别输入"1"，"−1"，"0"，"0"。

其次，求矩阵 A 的逆矩阵。选定区域 F12 至 H14，用于存放 A 的逆矩阵。点击公式选项卡中的"插入函数"，选择"数学与三角函数"中的

"MINVERSE"，如图 3-7 所示。

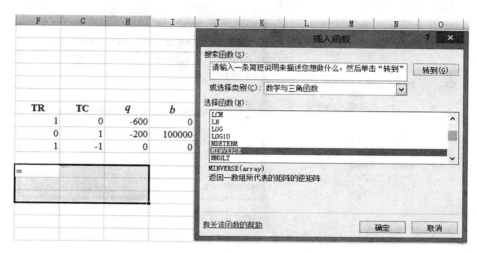

图 3-7　求解逆矩阵过程

点击确定后，在 Array 处填写矩阵的 A 的区域（或直接在表格中用鼠标拖选相应区域），即 F8：H10。同时按住 Ctrl+Shift 键不放，并按下 Enter 键，即得到 A 的逆矩阵，如图 3-8 所示。

TR	TC	q	b
1	0	-600	0
0	1	-200	100000
1	-1	0	0
-0.5	1.5	1.5	
-0.5	1.5	0.5	
-0.0025	0.0025	0.0025	

图 3-8　逆矩阵求解结果

最后，求解 A 的逆矩阵与常数矩阵 b 的乘积。选定区域 J8 至 J10，用于存放方程的解。点击公式选项卡中的"插入函数"，选择"数学与三角函数"中的"MMULT"，如图 3-9 所示。

点击"确定"后，在 Array1 处填写矩阵 A 的逆矩阵的区域（或直接在表格中用鼠标拖选相应区域），即 F12：H14；在 Array2 处填写常数矩阵 b 的区

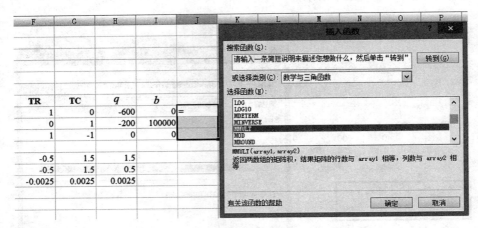

图 3-9　求解矩阵乘积过程

域（或直接在表格中用鼠标拖选相应区域），即 I8：I10。同时按住 Ctrl+Shift 键不放，并按下 Enter 键，即得到矩阵 A 的逆矩阵，如图 3-10 所示。

TR	TC	q	b	
1	0	-600	0	150000
0	1	-200	100000	150000
1	-1	0	0	250
-0.5	1.5	1.5		
-0.5	1.5	0.5		
-0.0025	0.0025	0.0025		

图 3-10　盈亏平衡模型求解结果

从计算结果来看，可以发现 TR＝TC＝150000，q＝250，与之前得到的结果一致，即当该移动硬盘制造商每天生产 250 个移动硬盘时，达到盈亏平衡，此时厂商的总收益和总成本均为 15 万元。

3.4.3　盈亏平衡模型分析

进一步对此例中的盈亏平衡模型进行分析，可以学习商务决策的制定方法。

3.4.3.1 生产策略

在不考虑产品营销等其他因素变化的情况下，如图 3-7 所示，利润会随着移动硬盘的产量递增而不断增加。因此，该厂商的生产策略是按照每日的生产极限进行生产。此时，产量 q 为 500 个，总收益为 30 万元，总成本为 20 万元，利润为 10 万元，达到最大值。

3.4.3.2 定价策略

根据盈亏平衡模型的敏感性分析得知，价格的上升（下降）会导致 TR 线的向上（向下）转动。

显然，价格的提升会使厂商生产移动硬盘在较小的产量时达到盈亏平衡，并获得更高的利润，即风险更小。但需考虑市场对该产品的价格接受程度，如果定价过高则会导致无人购买的情形。

而对于价格的下降而言，会使厂商生产移动硬盘在较大的产量时达到盈亏平衡，即风险更大。极端情况是，在厂商的每日生产极限产量时达到盈亏平衡，才能保证厂商生产这一产品不会亏损。由于该厂商的每日生产极限产量为 500 个，此时 TC 为 20 万元。因而，盈亏平衡前提下，TR = TC = 200000，因此价格 $P = TR/q = 400$ 元。

综合而言，该厂商的定价策略应不低于 400 元，结合市场消费者的接受程度进行拟定。

3.5　相　关　练　习

3.5.1　练习（1）

某物流公司每日最大的接单能力为 1000 单，进行物流运输所需的设备和交通工具平均每天的固定成本为 6000 元，平均每单包裹的包装费为 2 元，交通费为 3 元，人力费用为 7 元。递送快递向顾客收取的快递费用为 20 元，试对该物流公司进行盈亏平衡分析，说明该物流公司当前运营现状；如果要对快递费用实施降价策略以抢占市场，则最低定价应为多少？

3.5.2　练习（2）

市场多元化竞争环境下，由于受到各种条件的制约，在企业发展过程中并不一定是销售量越大越好，盲目扩张可能会导致经营不善。试举例说明，哪些情况下销量的增加反而导致企业的亏损？

3.6 相 关 知 识

3.6.1 一元线性方程

一元线性方程是为了反映自变量 x 对因变量 y 的影响，如下：

$$y = ax + b$$

其中，x 为自变量（Independent Variable），也即解释变量（Explanatory Variable）；y 为因变量（Dependent Variable），也即响应变量（Response Variable）。

a 和 b 是固定的常数，也叫系数（Coefficient）或参数（Parameter）。

a 称为斜率（Slope），它衡量当自变量 x 改变 1 个单位时，因变量 y 的改变量的大小，它反映了直线的倾斜程度，其绝对值越大直线倾斜程度越大，当其为 0 时，即为一条平行于 x 轴的水平线，一般可用公式表达为：

$$a = \frac{\Delta y}{\Delta x}$$

b 称为截距（Intercept），它表示当自变量 x 为 0 时，因变量 y 的数值，在图形上即为直线与 y 轴交点的坐标值。

3.6.2 其他知识点

矩阵（Matrix）：最早来自于方程组的系数及常数所构成的方阵，是指纵横排列的二维数据表格。

逆矩阵（Inverse Matrix）：假设数域上的一个 n 阶方阵 A，如果在相同数域上 B 是另一个 n 阶矩阵，且满足：$AB = BA = E$（单位矩阵），则可称 B 是 A 的逆矩阵，而 A 则被称为可逆矩阵。

函数 MINVERSE：在 Excel 中输入公式"=MINVERSE（array）"，即可得到数组矩阵的逆矩阵。其中 array 既可以是单元格区域如 A1：D4，也可以是数组常量，如 {1，2，3；4，5，6；7，8，9；10，11，12}；抑或区域和数组常量的名称。

函数 MMULT：在 Excel 中输入公式"=MMULT（array1，array2）"，即可得到两个数组的矩阵乘积，其结果矩阵的行数与 array1 的行数相同，矩阵的列数与 array2 的列数相同。其中，矩阵 array1 的列数必须与矩阵 array2 的行数相同，而且两个矩阵中都只能包含数值。

第 4 章　线性规划模型实验

4.1　实验目的与要求

本章将学习线性规划模型及其在商务决策中的应用，通过本章的学习与实验操作，旨在达到以下目的与要求：

（1）掌握线性规划模型中的目标函数和约束条件建模方法，以及线性规划模型的求解过程；

（2）学习利用 Excel 工具求解线性规划模型的方法与操作步骤；

（3）学习线性规划模型的敏感性分析方法；

（4）培养基于线性规划模型的商务决策分析能力。

4.2　实　验　准　备

Microsoft Excel 2007 或其他版本。

Microsoft Office Excel 规划求解工具包。

4.3　实　验　基　础

在企业的生产、运营管理中，如何在有限的资源条件（人力、物力、财力）下充分利用资源取得最优的经济效果（如成本最小、利润最大等），或如何花费最少的资源条件为完成既定的企业目标，这类决策问题统称为规划问题。线性规划（Linear Programming，LP）是运筹学的一个重要分支，是商业决策中比较重要的模型之一，广泛应用于经济分析、企业经营管理和工程技术、军事作战等方面，借助计算机技术，以创造更高的经济、社会等效益。线性规划的典型应用包括生产计划问题、库存问题、混合配料问题、运输问题等。

4.3.1　线性规划概述

从数学语言描述角度看线性规划问题，其由一个或几个目标函数和一组约束方程构成。其中，目标函数即根据研究问题的目标，选取适当的一组变量，并利用变量的函数形式进行研究问题的目标描述；约束方程则是利用选定变量组成的等式或不等式表达研究问题的相应资源约束条件。求解线性目标函数在线性约束条件的最值（最大值或最小值）问题，统称为线性规划问题。

线性规划问题通常包含三个组成部分：

①决策变量：根据研究问题设置的一组变量，变量的一组定值就代表研究问题中的一种执行方案；

②目标函数：根据研究目标，将目标用决策变量的线性函数进行表示，并根据要求使其达到最优（最大或最小）；

③约束条件：根据研究问题资源约束环境，利用一组线性等式或不等式将限制条件进行数学描述。

4.3.2　线性规划建模

线性规划建模需要首先明确线性规划问题的标准形式。一般而言，线性规划问题模型的标准形式可表述如下：

决策变量：x_1，x_2，$\cdots$，x_n

目标函数：$\min f = c_1 x_1 + c_2 x_2 + \cdots + c_n x_n$

约束条件：

$$\text{s. t.} \begin{cases} a_{11}x_1 + a_{12}x_2 + \cdots + a_{1n}x_n = b_1 \\ \cdots\cdots \\ a_{m1}x_1 + a_{m2}x_2 + \cdots + a_{mn}x_n = b_m \\ x_1 \geqslant 0, \ x_2 \geqslant 0, \ \cdots, \ x_n \geqslant 0 \end{cases}$$

由于线性规划问题在现实企业应用中拥有丰富的表现形式，除了线性规划问题的标准形式之外，其他形式的线性规划问题都可以通过简单代换化为标准线性规划问题。

4.3.2.1 目标函数的最大值问题

对于目标函数为求解最大值的问题，如收益最大化等，即 $\max z = \sum_{i=1}^{n} c_i x_i$ ，

可以等价地化为最小值问题，即 $\max \sum_{i=1}^{n} c_i x_i = -(\min(-\sum_{i=1}^{n} c_i x_i))$ 。

4.3.2.2 不等式约束问题

①对于形如 $a_{j1} x_1 + a_{j2} x_2 + \cdots + a_{jn} x_n \leqslant b_j$ 的不等式约束，可引入"松弛变量 r_j"将其化为等式约束 $a_{j1} x_1 + a_{j2} x_2 + \cdots + a_{jn} x_n + r_j = b_j$（其中 $r_j \geqslant 0$）。

②对于形如 $a_{j1} x_1 + a_{j2} x_2 + \cdots + a_{jn} x_n \geqslant b_j$ 的不等式约束，可引入"剩余变量 s_j"将其化为等式约束 $a_{j1} x_1 + a_{j2} x_2 + \cdots + a_{jn} x_n - s_j = b_j$（其中 $s_j \leqslant 0$）。

4.3.2.3 无非负条件问题

对于无非负条件的问题，可以定义 $x_j = x_j^{(1)} - x_j^{(2)}$ ，其中，将其转化为非负约束 $x_j^{(1)} \geqslant 0$，$x_j^{(2)} \geqslant 0$。

4.3.3 线性规划图解分析

当只有两个决策变量时，线性规划模型可以采用图解法进行简单直观的问题求解。线性规划图解法的求解步骤可归纳为：

4.3.3.1 根据约束条件确定可行域

①分别取两个决策变量 x_1、x_2 为横、纵坐标，建立直角坐标系。

②根据求解问题资源环境，利用决策变量分别建立每个约束条件（包括非负约束条件或取整约束条件）。

③针对每个约束条件，分别取其等式在直角坐标系中画出直线，通过判断不等式确定约束半平面（大于为直线右侧区域，小于为直线左侧区域）。

④各约束条件所确定的约束半平面相交（重合）区域为该线性规划问题的解，若存在该区域，其中的点对应的解即为该线性规划问题的可行解，这些符合约束条件的点的集合即为可行域或可行集，然后进行步骤（2），如图 4-1 所示；若不存在该区域，即该线性规划问题无可行解。

4.3.3.2 求解最优解

目标函数的值可以用目标函数等值线进行表示，求解最优解的过程即是通过平移目标函数等值线，寻找与线性规划可行域交点中的最值。当可行域为闭区域时，通常可以通过直接计算各个顶点的目标函数值，从而得出最优解。

①目标函数为求最小值。任意给定目标函数一个值作一条目标函数的等值线，并确定该等值线平移后值减小的方向，平移此目标函数的等值线，使其达

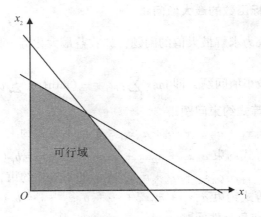

图 4-1 线性规划图解法可行域

到既与可行域有交点又不可能使值再减小的位置。若有交点，此目标函数等值线与可行域的交点为最优解（当交点为可行域顶点时，最优解为一个；当交点为可行域边界时，最优解为多个），此目标函数的值即为该线性规划问题的最优值。

②目标函数为求最大值。任意给定目标函数一个值作一条目标函数的等值线，并确定该等值线平移后值增加的方向，平移此目标函数的等值线，使其达到既与可行域有交点又不可能使值再增加的位置（有时交于无穷远处，此时称无有限最优解）。若有交点，此目标函数等值线与可行域的交点为最优解（当交点为可行域顶点时，最优解为一个；当交点为可行域边界时，最优解为多个），此目标函数的值即为该线性规划问题的最优值。

4.3.3.3 对最优解的结果进行实际意义的解释

在获得了该线性规划问题的最优解结果后，需要对最优解结果结合应用问题进行实际意义的解释。尤其是在面向企业生产、运营等决策提供参考时，需要根据实际企业应用环境进行解释，使线性规划模型能够发挥实践价值。

4.3.4 线性规划敏感性分析

由于在企业生产、运营实践活动中，面对的市场环境和企业环境（市场需求、工艺条件等）会发生不断变化，这也将导致企业决策时的相关目标或约束条件可能发生变化，从而影响企业规划。因此需要对线性规划模型进行敏感性分析，即在建立线性规划数学模型和求得最优解之后，进一步分析模型输入参数（目标函数系数、约束函数系数或约束边界值）的可能变动给当前最优决策组合和最优解带来的影响。一般而言，线性规划敏感性分析当输入参数中有一个或几个发生变化时，已求得的线性规划问题的最优决策组合和最优解会有什么变化；或是研究这些参数在什么范围内变化时，线性规划问题的最优解不变，具体包括以下两类问题：

①对资源条件的敏感性分析问题。在价值系数不变的前提下，求最优解保持不变时，每个资源条件（约束边界值）可以变动的范围。

②对价值系数的敏感性分析问题。在资源条件不变的前提下，求最优解保持不变时，每个价值系数可以变动的范围。

一般来说，对于一个约束条件，若增加（或减少）1 单位的资源，将会导致增加（或降低）目标值，该约束的资源限制在最大化目标下达到了边界值，称该约束为紧约束（Binding Constraint）。与之相对应的，如果该约束条件的变化，将不会影响目标值的改变，则称该约束为非紧约束（Non-Binding），也即松弛（Slack）。

对于非紧约束而言，松弛量对应的是小于或等于约束，即说明这个约束条件还有一定量的资源没有用完，松弛量的大小即为未用完的资源限制量；如果松弛量为 0，则说明这个约束是紧约束。与松弛量相对应的是剩余量（Surplus），其对应大于或等于约束，即说明多余出来的资源，剩余量的大小即比资源要求多出来的资源，如果剩余量为 0，也说明这个约束是紧约束。

在进行线性规划敏感性分析时，将每单位资源约束边界值（δ）的改变对目标函数最优解（Δ）改变的影响值称为影子价格（Shadow Price），即为 Δ/δ。从线性规划角度看，当投入资源改变一个数量而使目标函数的最值有一改变量，这一改变量与资源改变量的比值，即为影子价格。值得指出的是，影子价格强调的是改变量（可正可负），而反映资源约束增加 1 个单位所引起的目标函数最优解的改进量（仅为正），则称为对偶价格。显然，当目标函数为求最大值（如利润最大）时，对偶价格与影子价格相同；而当目标函数为求最小值（如成本最小）时，对偶价格为影子价格的负数。

影子价格可以看成是一种资源价格，通常用来反映企业约束资源得到合理配置时的"预测价格"，可用以对资本、劳动等进行合理评价，一般而言，只要企业能以低于 Δ/δ 单位的价格获得约束资源，则可以获得超额收益。

对于线性规划模型的敏感性分析，有以下重要结论：

①对于紧约束，资源条件的任何改变都将影响最优解，因为最优解要求这个约束的资源条件被完全利用。此时最优解会受到约束值的变化的影响，影响的大小可以用影子价格来衡量，该影子价格在允许的范围内保持不变。

②对有松弛量或剩余量的约束，资源条件在一定范围内的少量改变通常不会改变最优解，即该约束的影子价格等于 0，因为最优解相对这个约束对资源的约束限制并未达到边界值。

③目标函数中的价值系数一般对最优解不敏感，即当价值系数（如产品的单位利润）改变不大的情况下，线性规划模型的最优解（资源计划）将不变，仅仅改变目标函数值的大小。

4.4　实　验　项　目

在线性规划模型求解中，两个变量的线性规划既可以利用信息技术求解，也可以用直观的图解法进行求解；两个变量以上的线性规划则无法用简单的图解法求解。本章实验将分为两类实验项目，即两个变量线性规划实验和两个以上变量线性规划实验。

在进行 Excel 的规划求解之前，需要加载 Microsoft Office Excel 规划求解工具包。对于 Microsoft Excel 2007，加载方法为：单击软件界面左上角 Office 图标，选择右下角的"Excel 选项"，单击"加载项"，在右下侧点击"转到"，在弹出的"加载宏"菜单中勾选"规划求解加载项"并点击确定，如图 4-2

图 4-2　加载规划求解菜单选项

所示，系统将在指定安装文件路径中进行安装。安装成功后，在"加载项"中会多出"规划求解"选项。其他版本的 Microsoft Excel 同样可在相应"加载宏"菜单中进行安装加载操作实现。

4.4.1 两个变量线性规划实验

某翻译公司拥有三名翻译人员，其中小王负责翻译，小李负责校对，小张负责排版，根据公司业务量，三人每周工作时间分别为 40 小时，30 小时和 20 小时。该公司负责两种类型文稿的翻译工作，分别是文档翻译和表格翻译。每项工作所需时间为如表 4-1 所示。公司对客户的翻译报价为，文档每份 200 元，表格每份 150 元。试分析公司利润最大时的翻译产品最优组合。

表 4-1   **翻译公司工作内容耗时表**

工作内容	耗时（小时）	
	文档	表格
翻译	6	5
校对	4	4
排版	2	3

4.4.1.1 线性规划模型构建

根据翻译公司的基本情况介绍，在本应用环境中，假设翻译公司的两种翻译产品的数量为决策变量，即假设：

每周翻译公司接受的文档翻译为 x_1 份；

每周翻译公司接受的表格翻译为 x_2 份。

翻译公司的目标为获得最大的利润，因此，目标函数为：

$$\max \text{Profit} = 200x_1 + 150x_2$$

翻译公司的约束条件即为三位员工的工作时间，以及文档和表格产量的正整数约束，具体为：

$$\text{s. t.} \begin{cases} 6x_1 + 5x_2 \leqslant 40 \\ 4x_1 + 4x_2 \leqslant 30 \\ 2x_1 + 3x_2 \leqslant 20 \\ x_1 \geqslant 0, \ x_2 \geqslant 0, \ x_1 \text{ 和 } x_2 \text{ 为整数} \end{cases}$$

4.4.1.2　线性规划模型的 Solver 求解法

①数据录入。将翻译公司的实际情况利用 Microsoft Excel 的电子表格进行数据录入，如图 4-3 所示。

	A	B	C	D	E	F
1				翻译公司翻译产品明细表		
2	工作内容	耗时（小时）		实际耗时		可用时间（小时）
3		文档	表格			
4	翻译	6	5		<=	40
5	校对	4	4		<=	30
6	排版	2	3		<=	20
7						
8	产品价格（元）	200	150			总利润（元）
9	实际产量（个）					

图 4-3　翻译公司工作内容录入

②实际耗时的计算。选择单元格 D4，在该单元格中输入公式"＝SUMPRODUCT（$B$9：$C$9，B4：C4）"，将鼠标移至单元格 D4 右下方，待出现黑色"＋"时，向下拖动至单元格 D6，假设初始实际产量为 1 个文档和 1 个表格，可得到翻译、校对和排版的实际耗时，如图 4-4 所示。

	A	B	C	D	E	F
1				翻译公司翻译产品明细表		
2	工作内容	耗时（小时）		实际耗时		可用时间（小时）
3		文档	表格			
4	翻译	6	5	11	<=	40
5	校对	4	4	8	<=	30
6	排版	2	3	5	<=	20
7						
8	产品价格（元）	200	150			总利润（元）
9	实际产量（个）	1	1			

图 4-4　翻译公司实际耗时

③总利润的计算。选择单元格 F9，在该单元格中输入公式"＝SUMPRODUCT（B8：C8，B9：C9）"，可得到翻译、校对和排版的实际总利润，如图 4-5 所示。

④规划求解参数设置。点击"加载项"中的"规划求解"，进行线性规划参数设置。其中，设置目标单元格为"$F$9"，选择等于"最大值"，可变单元格为"$B$9：$C$9"（可以点击"推测"，软件会自动生成可变单元格范围，须根据实际情况确认其是否满足要求，若有差异须进行修正）。接着，添加约束条件，单元格引用位置为"$D$4：$D$6"，关系为"<="，

	A	B	C	D	E	F
1		翻译公司翻译产品明细表				
2	工作内容	耗时（小时）		实际耗时		可用时间（小时）
3		文档	表格			
4	翻译	6	5	11	<=	40
5	校对	4	4	8	<=	30
6	排版	2	3	5	<=	20
7						
8	产品价格（元）	200	150			总利润（元）
9	实际产量（个）	1	1			350

图 4-5 翻译公司总利润

约束值为"＄F＄4：＄F＄6"，如图 4-6 所示，单击添加，完成翻译工作耗时约束条件的添加；继续添加约束条件，单元格引用位置为"＄B＄9：＄C＄9"，关系为"＞＝"，约束值为"0"，如图 4-7 所示，单击添加，完成翻译文稿实际产量个数非负约束；继续添加约束条件，单元格引用位置为"＄B＄9：＄C＄9"，关系为"int"，约束值为"＝整数"，如图 4-8 所示。规划求解最终参数设置如图 4-9 所示。

图 4-6 添加工作耗时约束

图 4-7 添加非负约束

⑤规划求解。单击"求解"，得到"规划求解结果"窗口，显然如窗口显示，规划求解得到一个满足所有约束条件的最优解，即此线性规划问题存在唯一最优解。选择"保存规划求解结果"，并选择"运算结果报告"，如图 4-10

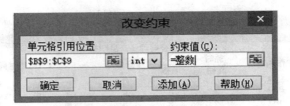

图 4-8　添加取整约束

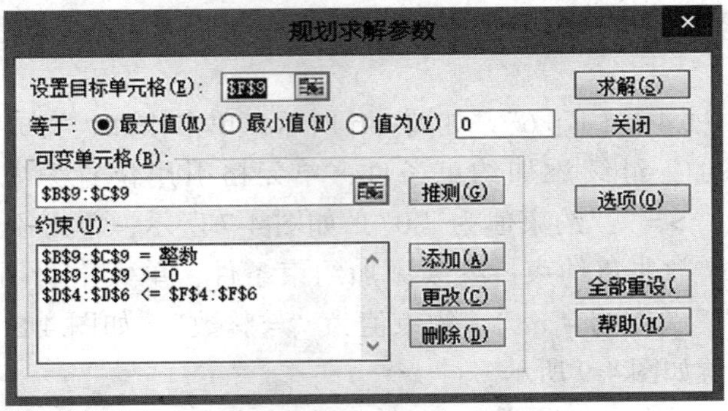

图 4-9　翻译产品规划求解参数设置

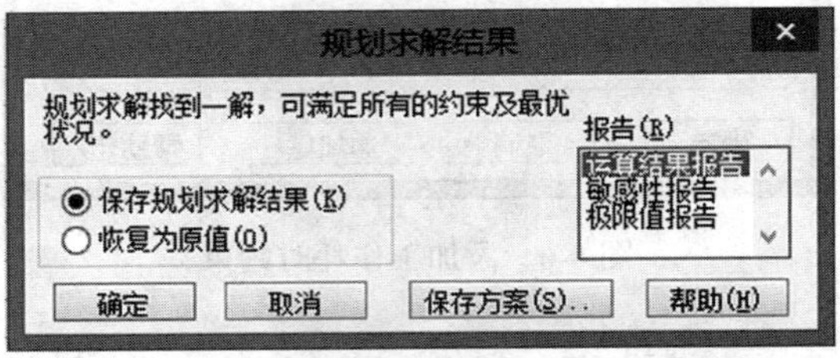

图 4-10　规划求解结果窗口

所示。最终结果为，该翻译公司每周文档产量为 5 个，图表产量为 2 个，总利润为 1300 元，如图 4-11 所示。

运算结果的分析报告如图 4-12 所示，显然，对于翻译工作达到了紧约束，而校对工作和排版工作还有松弛量，分别为 2 个小时和 4 个小时。

4.4.2　两个以上变量线性规划实验

假设某公司为员工准备了 A、B、C、D 四种素质培训计划，其中 A 计划包含 10 小时的专业技术课程、50 小时的英语课程和 10 小时的商务礼仪课程，

	A	B	C	D	E	F
1		翻译公司翻译产品明细表				
2	工作内容	耗时（小时）		实际耗时		可用时间（小时）
3		文档	表格			
4	翻译	6	5	40	<=	40
5	校对	4	4	28	<=	30
6	排版	2	3	16	<=	20
7						
8	产品价格（元）	200	150			总利润（元）
9	实际产量（个）	5	2			1300

图 4-11　翻译公司线性规划最优解

目标单元格 （最大值）

单元格	名字		初值	终值
$F$9	实际产量（个）	总利润（元）	1300	1300

可变单元格

单元格	名字		初值	终值
$B$9	实际产量（个）	文档	5	5
$C$9	实际产量（个）	表格	2	2

约束

单元格	名字		单元格值	公式	状态	型数值
$D$4	翻译	实际耗时	40	$D$4<=$F$4	到达限制值	0
$D$5	校对	实际耗时	28	$D$5<=$F$5	未到限制值	2
$D$6	排版	实际耗时	16	$D$6<=$F$6	未到限制值	4
$B$9	实际产量（个）	文档	5	$B$9>=0	未到限制值	5
$C$9	实际产量（个）	表格	2	$C$9>=0	未到限制值	2
$B$9	实际产量（个）	文档	5	$B$9=整数	到达限制值	0
$C$9	实际产量（个）	表格	2	$C$9=整数	到达限制值	0

图 4-12　翻译工作线性规划运算结果报告

B 计划包含 25 小时的专业技术课程、10 小时的英语课程和 20 小时的商务礼仪课程，C 计划包含 5 小时的专业技术课程、35 小时的英语课程和 5 小时的商务礼仪课程，D 计划包含 15 小时的专业技术课程、20 小时的英语课程和 15 小时的商务礼仪课程，如表 4-2 所示。按照公司的培训战略方针，员工每年所需接受的专业技术课程、英语课程以及商务礼仪课程的时长须分别高于 80 小时、100 小时和 60 小时，已知素质培训计划 A、B、C、D 的成本投入分别为 5200 元、4600 元、3200 元和 4200 元。试分析公司成本最小化时的素质培训计划组合。

表 4-2 　　　　　　　　　　　培训计划课时分布表

培训内容	课时（小时）			
	A 计划	B 计划	C 计划	D 计划
专业技术课程	10	25	5	15
英语课程	50	10	35	20
商务礼仪课程	10	20	5	15

4.4.2.1　线性规划模型构建

根据该公司的培训计划所包含的课时分布基本情况介绍，在本应用环境中，假设公司的 4 种培训计划组合情况为决策变量，即假设公司需投入的 A 计划为 x_1 份，需投入的 B 计划为 x_2 份，需投入的 C 计划为 x_3 份，需投入的 D 计划为 x_4 份。

公司为使培训投入的成本最小化，因此，其目标函数为：

$$\min \text{Cost} = 5200x_1 + 4600x_2 + 3200x_3 + 4200x_4$$

公司的约束条件即为专业技术课程、英语课程和商务礼仪课程的总培训时间，以及各培训计划的正整数约束，具体为：

$$\text{s.t.} \begin{cases} 10x_1 + 25x_2 + 5x_3 + 15x_4 \geqslant 80 \\ 50x_1 + 10x_2 + 35x_3 + 20x_4 \geqslant 100 \\ 10x_1 + 20x_2 + 5x_3 + 15x_4 \geqslant 60 \\ x_1 \geqslant 0,\ x_2 \geqslant 0,\ x_3 \geqslant 0,\ x_4 \geqslant 0,\ x_1,\ x_2,\ x_3,\ x_4 \text{为整数} \end{cases}$$

4.4.2.2　线性规划模型的 Solver 求解法

①数据录入。将公司的培训计划课时情况利用 Microsoft Excel 的电子表格进行数据录入，如图 4-13 所示。

	A	B	C	D	E	F	G	H
1		公司员工素质培训课时分布表						
2	培训内容	耗时（小时）				总课时		培训课时要求
3		A计划	B计划	C计划	D计划			
4	专业技术课程	10	25	5	15		>=	80
5	英语课程	50	10	35	20		>=	100
6	商务礼仪课程	10	20	5	15		>=	60
7								
8	培训成本（元）	5200	4600	3200	4200			总成本（元）
9	计划组合数量							

图 4-13　公司培训课时计划录入

②实际课时的计算。选择单元格 F4，在该单元格中输入公式 "=SUMPRODUCT（＄B＄9：＄E＄9，B4：E4）"，将鼠标移至单元格 F4 右下方，待出现黑色 "+" 时，向下拖动至单元格 F6，假设初始各培训计划组合数量情况均为 1 份 A 计划、1 份 B 计划、1 份 C 计划和 1 份 D 计划，可得到专业技术课程、英语课程和商务礼仪课程的实际耗时，如图 4-14 所示。

	A	B	C	D	E	F	G	H
1	公司员工素质培训课时分布表							
2	培训内容	耗时（小时）				总课时		培训课时要求
3		A计划	B计划	C计划	D计划			
4	专业技术课程	10	25	5	15	55	>=	80
5	英语课程	50	10	35	20	115	>=	100
6	商务礼仪课程	10	20	5	15	50	>=	60
7								
8	培训成本（元）	5200	4600	3200	4200			总成本（元）
9	计划组合数量	1	1	1	1			

图 4-14　公司培训实际课时情况

③总成本的计算。选择单元格 H9，在该单元格中输入公式 "=SUMPRODUCT（B8：E8，B9：E9）"，可得到公司开设的专业技术课程、英语课程和商务礼仪课程培训的实际总成本，如图 4-15 所示。

	A	B	C	D	E	F	G	H
1	公司员工素质培训课时分布表							
2	培训内容	耗时（小时）				总课时		培训课时要求
3		A计划	B计划	C计划	D计划			
4	专业技术课程	10	25	5	15	55	>=	80
5	英语课程	50	10	35	20	115	>=	100
6	商务礼仪课程	10	20	5	15	50	>=	60
7								
8	培训成本（元）	5200	4600	3200	4200			总成本（元）
9	计划组合数量	1	1	1	1			17200

图 4-15　公司培训总成本

④规划求解参数设置。点击 "加载项" 中的 "规划求解"，进行线性规划参数设置。其中，设置目标单元格为 "＄H＄9"，选择等于 "最小值"，可变单元格为 "＄B＄9：＄E＄9"（可以点击 "推测"，软件会自动生成可变单元格范围，须根据实际情况确认其是否满足要求，若有差异须进行修正）。接着，添加约束条件，单元格引用位置为 "＄F＄4：＄F＄6"，关系为 ">="，约束值为 "＄H＄4：＄H＄6"，如图 4-16 所示，单击添加，完成培训课时约束条件的添加；继续添加约束条件，单元格引用位置为 "＄B＄9：＄E＄9"，

关系为"> =",约束值为"0",如图 4-17 所示,单击添加,完成培训计划数量的非负约束;继续添加约束条件,单元格引用位置为"＄B＄9:＄E＄9",关系为"int",约束值为"＝整数",如图 4-18 所示。规划求解最终参数设置如图 4-19 所示。

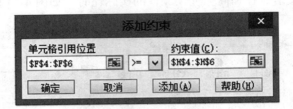

图 4-16 添加工作耗时约束

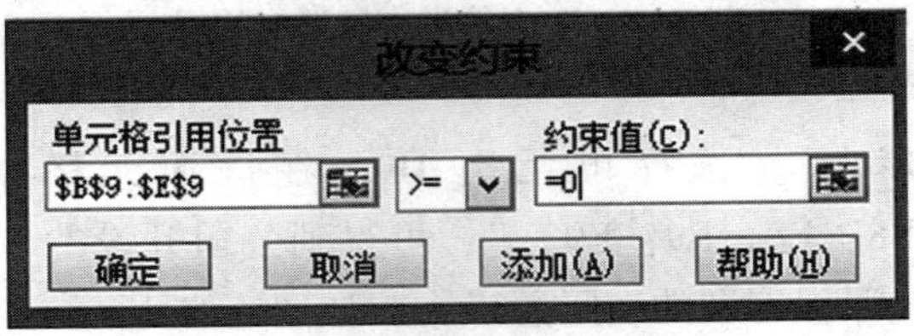

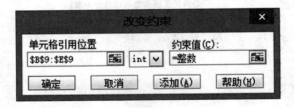

图 4-17 添加非负约束

图 4-18 添加取整约束

⑤规划求解。单击"求解",得到"规划求解结果"窗口,显然如窗口显示,规划求解得到一个满足所有约束条件的最优解,即此线性规划问题存在唯一最优解。选择"保存规划求解结果",并选择"运算结果报告"。该公司采用培训 B 计划 3 份和 C 计划 2 份,总成本为 20200 元,如图 4-20 所示。

运算结果的分析报告图 4-21 所示,显然,对于英语培训课时达到了紧约束,而专业技术课程和商务礼仪课程的课时数均有剩余量,分别为 5 个课时和 10 个小时。

图 4-19　培训计划规划求解参数设置

	A	B	C	D	E	F	G	H
1	公司员工素质培训课时分布表							
2	培训内容	耗时（小时）				总课时		培训课时要求
3		A计划	B计划	C计划	D计划			
4	专业技术课程	10	25	5	15	85	>=	80
5	英语课程	50	10	35	20	100	>=	100
6	商务礼仪课程	10	20	5	15	70	>=	60
7								
8	培训成本（元）	5200	4600	3200	4200			总成本（元）
9	计划组合数量	0	3	2	0			20200

图 4-20　公司培训线性规划最优解

目标单元格（最小值）

单元格	名字		初值	终值
$H$9	计划组合数量	总成本（元）	20200	20200

可变单元格

单元格	名字		初值	终值
$B$9	计划组合数量	A计划	0	0
$C$9	计划组合数量	B计划	3	3
$D$9	计划组合数量	C计划	2	2
$E$9	计划组合数量	D计划	0	0

约束

单元格	名字		单元格值	公式	状态	型数值
$F$4	专业技术课程	总课时	85	$F$4>=$H$4	未到限制值	5
$F$5	英语课程	总课时	100	$F$5>=$H$5	到达限制值	0
$F$6	商务礼仪课程	总课时	70	$F$6>=$H$6	未到限制值	10
$B$9	计划组合数量	A计划	0	$B$9>=0	到达限制值	0
$C$9	计划组合数量	B计划	3	$C$9>=0	未到限制值	3
$D$9	计划组合数量	C计划	2	$D$9>=0	未到限制值	2
$E$9	计划组合数量	D计划	0	$E$9>=0	到达限制值	0
$B$9	计划组合数量	A计划	0	$B$9=整数	到达限制值	0
$C$9	计划组合数量	B计划	3	$C$9=整数	到达限制值	0
$D$9	计划组合数量	C计划	2	$D$9=整数	到达限制值	0
$E$9	计划组合数量	D计划	0	$E$9=整数	到达限制值	0

图 4-21　培训课时线性规划运算结果报告

4.5　相　关　练　习

4.5.1　练习（1）

假设某工厂生产 A、B 两种规格的产品，A 规格产品需要消耗钢板 5 块，消耗零件 6 盒；B 规格产品需要消耗钢板 2 块，消耗零件 10 盒，由于材料限制仓库库存钢板只有 100 块和零件 300 盒，已知 A 产品销售价格为 200 元，B 产品销售价格为 160 元。试利用图解法分析公司利润最大时的产品生产组合，并进行敏感性分析。

4.5.2　练习（2）

假设某公司有精品级、优良级、普通级三种产品设计，其中每份精品级设计切割与缝合时间需要有 8 小时、成型时间需要 4 小时，包装时间需要 2 小时；优良级设计切割与缝合时间需要有 5 小时、成型时间需要 4 小时，包装时间需要 1 小时；普通级设计切割与缝合时间需要有 4 小时、成型时间需要 2 小时，包装时间需要 1 小时。已知精品级产品定价为 250 元，优良级商品定价为 180 元，普通级商品定价为 100 元，生产线切割与缝合时间限制为 100 小时，成型时间限制为 70 小时，包装时间限制为 20 小时。试以总盈利最大化为目标，构建线性规划模型，并利用 Excel 进行规划求解和敏感性分析。

4.6　相　关　知　识

4.6.1　规划求解

Microsoft Excel 的"规划求解"加载项是一组分析工具的组成部分，通过"规划求解"，可在 Microsoft Excel 的工作表上的某个单元格（目标单元格）中求得其中公式的最优值。"规划求解"可设置约束条件，使模型在约束条件限制下直接或间接通过调整与目标单元格中公式相关联的一组可更改的单元格（可变单元格）中的数值，即通过改变其他单元格来确定某个单元格的最大值或最小值，从目标单元格公式中求得期望的结果。

在 Microsoft Excel 电子表格模型中，可变单元格即为线性规划模型中的决策变量，目标单元格对应线性规划模型中的目标函数，输出单元格对应线性规划模型中的约束条件，数据单元格对应线性规划模型中的模型参数。

4.6.2　其他知识点

决策变量（Decision Variable）：线性规划模型中的可控性输入。

非负约束（Nonnegativity Constraints）：要求所有变量都为非负数的约束。

线性函数（Linear Program）：变量单独存在，且最高幂次为 1 的数学表达式。

标准型（Standard Form）：所有约束都写成等式形式的线性规划问题。标准型的最优解同原问题的最优解是一样的。

极点（Extreme Point）：从图上来说极点是可行域的顶点或"拐点"所对应的可行解点，对于双变量问题，极点可由约束线的交点来确定。

多重最优解（Alternative Optimal Solutions）：至少有两个解使得目标函数的值达到最优的情况。

无可行解（Infeasibility）：没有满足全部约束条件的解。

无界（Unbounded）：在最大化问题中，解的值可以无限扩大，在最小化问题，解的值可以无限缩小，而没有任何约束，这种问题就称为是无界的。

函数 SUMPRODUCT：在 Excel 中输入公式"＝SUMPRODUCT（array1，array2，array3，…）"，即可在给定的几组数组中，将数组间对应的元素相乘，并返回乘积之和。其中，array1，array2，array3，…为 2 到 255 个数组，其相应元素需要进行相乘并求和。

第5章 投资组合决策模型实验

5.1 实验目的与要求

本章将学习投资组合决策模型及其在商务决策中的应用，通过本章的学习与实验操作，旨在达到以下目的与要求：

（1）掌握资本投资终值、折现、净现值等的计算方法，学习净现值计算中的敏感性分析方法；

（2）掌握投资组合决策模型的构建方法，以及规划求解过程；

（3）学习利用 Excel 工具求解投资组合决策模型的方法与操作步骤；

（4）学习收益保障或风险控制条件下的多种投资组合决策分析过程；

（5）培养基于投资组合决策模型的商务决策分析能力。

5.2 实 验 准 备

Microsoft Excel 2007 或其他版本。

Microsoft Office Excel 分析工具库。

5.3 实 验 基 础

投资组合理论（Portfolio Theory）由美国经济学家马考维茨（Markowitz）于 1952 年首次提出，并进行了系统、深入和卓有成效的研究，继而获得了诺贝尔经济学奖。投资组合理论一般指若干种证券组成的投资组合，其收益是这些证券收益的加权平均数，但是其风险不是这些证券风险的加权平均风险，投资组合能降低非系统性风险。从本质上看，投资过程实则是在不确定性的收益和风险中进行选择。在发达的证券市场中，马考维茨投资组合理论在实践中被证明是行之有效的，并且被广泛应用于组合选择和资产配置。

5.3.1 投资终值、折现与净现值

5.3.1.1 投资终值

投资终值（Future Value，FV）是指在投资期末形成的本利和。假设，投资期限为 n，收益率为 $i\%$，则投资终值的复利计算公式为：

$$FV = P(1 + i\%)^n$$

例如，假定年收益率为 6%，年初投资 1000 元，各年年末的复利终值为：

第 1 年年末的终值为 $1000 \times (1+6\%)^1 = 1060$（元）

第 2 年年末的终值为 $1000 \times (1+6\%)^2 = 1123.6$（元）

……

第 n 年年末的终值为 $1000 \times (1+6\%)^n$（元）

5.3.1.2 投资折现

投资折现是指在已知投资终值和折现率的情况下，计算初始投资额的问题。其中，初始投资额也即现值（Present Value，PV）。假设，投资期限为 n，折现率为 $i\%$，则投资现值的计算公式为：

$$PV = \frac{F}{(1 + i\%)^n}$$

例如，假定年折现率为 6%，如果期望在投资三年后得到 1000 元资金（投资终值），则初始投资额（投资折现值）为：

$$PV = \frac{1000}{(1 + 6\%)^3} = 839.6(元)$$

5.3.1.3 净现值

净现值（Net Present Value，NPV）是投资项目各个时期的净收入折现之后与成本的差额，即未来现金净流量现值减去原始投资额现值。净现值通过分析折现后的投资收益与成本的差额，用以判断投资项目是否可行，其经济实质是考察投资方案收益超过基本要求后的剩余收益。计算净现值时，要按预定的折现率对投资项目的未来现金流量进行折现，预定折现率是投资者所期望的最低投资报酬率。

假设投资时期为 t_n 时，对应的投资项目成本为 C_n，投资项目收益为 B_n，

所得税税率为 T，折现率为 $i\%$，则该项目净现值为：

$$NPV = -C_0 + \frac{(1-T)(B_1-C_1)^+}{(1+i\%)^1} + \frac{(1-T)(B_2-C_2)^+}{(1+i\%)^2} + \cdots$$

$$+ \frac{(1-T)(B_n-C_n)^+}{(1+i\%)^n}$$

$$= -C_0 + \sum_{t=1}^{n} \frac{(1-T)(B_t-C_t)^+}{(1+i\%)^t}$$

①当净现值为正时（NPV>0），说明方案的实际收益率高于所要求的收益率，投资方案有利可图，方案可行，且净现值越大说明投资方案盈利性越好。

②当净现值为负时（NPV<0），说明方案的实际收益率低于所要求的收益率，投资方案无利可图，方案不可行，且净现值越小说明投资方案盈利性越差。

③当净现值为零时（NPV=0），说明方案的实际投资收益刚好达到所要求的投资收益。

5.3.2　投资组合决策

投资组合决策，就是在多个投资选择中，通过权衡投资收益和风险，如在给定期望收益率的水平上使风险最小化，或在给定的风险水平下使期望收益最大化，进行投资选择的比重分配，进而形成的投资组合称为有效的投资组合（Efficient Portfolio）。

通常情况下，投资组合理论用均值（μ）-方差（σ^2）来代表收益和风险。其中，均值是指投资组合的期望收益率，即对诸如证券等的多个投资选择的期望收益率的加权平均，权重为相应的投资比例；方差是指投资组合的收益率的方差（σ^2），把收益率的标准差称为波动率，指代投资组合的风险。

对于两种投资方式 x_1 和 x_2，相应的均值和方差分别为 μ_1、σ_1 和 μ_2、σ_2。现在按一定的投资比例对两种投资方式进行组合，投资比重分别为 ω_1 和 ω_2，且满足 $0 \leqslant \omega_1 \leqslant 1$，$0 \leqslant \omega_2 \leqslant 1$，$\omega_1 + \omega_2 = 1$。

两种投资方式组合的期望收益为：

$$E(R) = \omega_1\mu_1 + \omega_2\mu_2$$

两种投资方式组合的风险为：

$$\sigma = \sqrt{\mathrm{var}(\omega_1\mu_1 + \omega_2\mu_2)} = \sqrt{\omega_1^2\sigma_{11} + \omega_2^2\sigma_{22} + 2\omega_1\omega_2\sigma_{12}}$$

式中的 σ_{11} 为 x_1 的方差 σ_1^2，σ_{22} 为 x_2 的方差 σ_2^2，σ_{12} 为 x_1 和 x_2 的协方

差。由于协方差描述了 x_1 和 x_2 的相关程度，协方差和相关系数之间的关系为：

$$\rho = \frac{\sigma_{12}}{\sqrt{\sigma_{11}}\sqrt{\sigma_{22}}}, \quad -1 \leqslant \rho \leqslant 1$$

因此，投资组合的风险公式可以改写为：

$$\sigma = \sqrt{\mathrm{var}(\omega_1\mu_1 + \omega_2\mu_2)} = \sqrt{\omega_1^2\sigma_{11} + \omega_2^2\sigma_{22} + 2\omega_1\omega_2\rho\sqrt{\sigma_{11}}\sqrt{\sigma_{22}}}$$

然而，投资组合决策通常情况下包含三种或以上投资方式，为了实现对多种投资组合的决策，可利用矩阵的形式进行投资组合的风险与收益表达式的表示。

记收益矩阵为 $\mu = \begin{pmatrix} \mu_1 \\ \mu_2 \end{pmatrix}$，方差矩阵为 $\Sigma = \begin{pmatrix} \sigma_{11} & \sigma_{12} \\ \sigma_{21} & \sigma_{22} \end{pmatrix}$，比重矩阵为 $W = \begin{pmatrix} \omega_1 \\ \omega_2 \end{pmatrix}$。其中 $\sigma_{12} = \sigma_{21}$ 为 x_1 和 x_2 的协方差。

则投资组合的期望收益公式为：

$$E(R) = \omega_1\mu_1 + \omega_2\mu_2 = W^{\mathrm{T}}\mu$$

投资组合的风险公式为：

$$\sigma = \sqrt{\omega_1^2\sigma_{11} + \omega_2^2\sigma_{22} + 2\omega_1\omega_2\sigma_{12}} \equiv \sqrt{W^{\mathrm{T}}\Sigma W}$$

5.4 实 验 项 目

本章实验将分为三类实验项目，分别为对投资项目净现值模型的操作实验，以及对两投资组合决策和多投资组合决策模型的操作实验。

在进行基于 Excel 的投资组合模型实验之前，需要加载 Microsoft Office Excel 分析工具库。对于 Microsoft Excel 2007，加载方法为：单击软件界面左上角 Office 图标，选择右下角的"Excel 选项"，单击"加载项"，在右下侧点击"转到"，在弹出的"加载宏"菜单中勾选"分析工具库"并点击确定，如图 5-1 所示，系统将在指定安装文件路径中进行安装。安装成功后，在"数据"中会多出"数据分析"选项。其他版本的 Microsoft Excel 同样可在相应"加载宏"菜单中进行安装加载操作实现。

5.4.1 投资项目净现值模型实验

假设一个面包房门面的投资项目，包括店面的装修、面包烘焙设备的购置

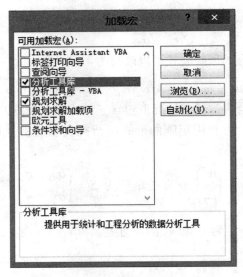

图 5-1　加载分析工具库菜单选项

等前期投入成本为 20 万元，面包房在第一年的运营中，每个季度的运营成本和收益的现金流量表如表 5-1 所示，已知折现率为 10%，所得税税率为 20%，试判断投资者想在第一年实现盈利，该项目是否可行。

表 5-1　　　　　　　　　　　面包房项目现金流量表　　　　　　　　单位：万元

时间	初始	第一季度	第二季度	第三季度	第四季度
成本	20	2.05	2.12	2.08	2.07
收益	0	10.62	10.59	10.43	11.88

5.4.1.1　数据的录入

根据面包房门面投资项目的基本情况，在 Excel 表格中录入相关信息，如图 5-2 所示。

5.4.1.2　计算毛收入、税额和净收入

由于"毛收入 = 收益 - 成本"，因此在单元格 C4 中填入公式" = C3 - C2"，将鼠标移至单元格 C4 右下方，待出现黑色"+"时，向右拖动至单元格 G4，得到各季度的毛收入的值，如图 5-3 所示。

	A	B	C	D	E	F	G
1	折现率	时间	初始	第一季度	第二季度	第三季度	第四季度
2	0.1	成本	20	2.05	2.12	2.08	2.07
3		收益	0	10.62	10.59	11.43	11.88
4	税率	毛收入					
5	0.2	税额					
6		净收入					
7							
8		收益净现值					
9		项目净现值					

图 5-2　面包房项目数据录入

	A	B	C	D	E	F	G
1	折现率	时间	初始	第一季度	第二季度	第三季度	第四季度
2	0.1	成本	20	2.05	2.12	2.08	2.07
3		收益	0	10.62	10.59	11.43	11.88
4	税率	毛收入	-20	8.57	8.47	9.35	9.81
5	0.2	税额					
6		净收入					
7							
8		收益净现值					
9		项目净现值					

图 5-3　面包房季度毛收入计算

当毛收入为负或为 0 时，税额为 0；而当毛收入为正时，则需要计算所得税税额，即"税额＝毛收入×税率"。因此在单元格 C5 中需进行 Excel 的判断函数命令输入，即填入公式"=IF（C4>0，C4＊＄A＄5，0）"，将鼠标移至单元格 C5 右下方，待出现黑色"+"时，向右拖动至单元格 G5，得到各季度的税额的值，如图 5-4 所示。

	A	B	C	D	E	F	G
1	折现率	时间	初始	第一季度	第二季度	第三季度	第四季度
2	0.1	成本	20	2.05	2.12	2.08	2.07
3		收益	0	10.62	10.59	11.43	11.88
4	税率	毛收入	-20	8.57	8.47	9.35	9.81
5	0.2	税额	0	1.714	1.694	1.87	1.962
6		净收入					
7							
8		收益净现值					
9		项目净现值					

图 5-4　面包房季度税额计算

由于净收入为"净收入＝毛收入－税额"。因此 C6 中填入公式"＝C4－C5",将鼠标移至单元格 C6 右下方,待出现黑色"＋"时,向右拖动至单元格 G6,得到各季度的净收入的值,如图 5-5 所示。

	A	B	C	D	E	F	G
1	折现率	时间	初始	第一季度	第二季度	第三季度	第四季度
2	0.1	成本	20	2.05	2.12	2.08	2.07
3		收益	0	10.62	10.59	11.43	11.88
4	税率	毛收入	−20	8.57	8.47	9.35	9.81
5	0.2	税额	0	1.714	1.694	1.87	1.962
6		净收入	−20	6.856	6.776	7.48	7.848
7							
8		收益净现值					
9		项目净现值					

图 5-5　面包房季度净收入计算

5.4.1.3　计算净现值

首先计算各季度的净收入的净现值,即对各季度的净收入值按折现率进行折现。在 Excel 中可使用"NPV"函数,其由折现率和待折现的值组成,即在单元格 C8 中输入公式"＝NPV(A2,D6:H6)",计算结果为全年四个季度所有净收入的净现值总和,即收益净现值为 22.81 万元。

然后计算项目的净现值,即在收益净现值的基础上加上初始时的净收入(也即前期成本)。因此,在单元格 C9 中输入公式"＝C6+C8",得到项目净现值为 2.81 万元,如图 5-6 所示。

	A	B	C	D	E	F	G
1	折现率	时间	初始	第一季度	第二季度	第三季度	第四季度
2	0.1	成本	20	2.05	2.12	2.08	2.07
3		收益	0	10.62	10.59	11.43	11.88
4	税率	毛收入	−20	8.57	8.47	9.35	9.81
5	0.2	税额	0	1.714	1.694	1.87	1.962
6		净收入	−20	6.856	6.776	7.48	7.848
7							
8		收益净现值	22.81				
9		项目净现值	2.81				

图 5-6　面包房净现值计算

通过计算,可以得到第一年面包房门面投资项目的净现值 NPV＝2.81 万元,所以该项目有利可图,值得对该项目进行投资。

5.4.1.4 净现值模型的敏感性分析

由于投资项目一般具有较长的周期，在项目运营期间内，可能会随着客观环境的变化而产生不确定性，反映在净现值的计算上，折现率和税率会由于市场经济政策与环境的改变而发生变化。因此，有必要对净现值模型进行敏感性分析，这其中包括净现值对折现率的敏感性，净现值对税率的敏感性，以及净现值对折现率和税率的敏感性。

①在税率不变的情况下，净现值对折现率的敏感性。

假设折现率的变化范围为 7%～12%，在 Excel 中录入变化范围内的折现率，选定运算区域 A10：G11，并选择 Excel 假设分析中的"数据表"，如图5-7所示。在"输入引用行的单元格"内输入"A2"，如图5-8所示。

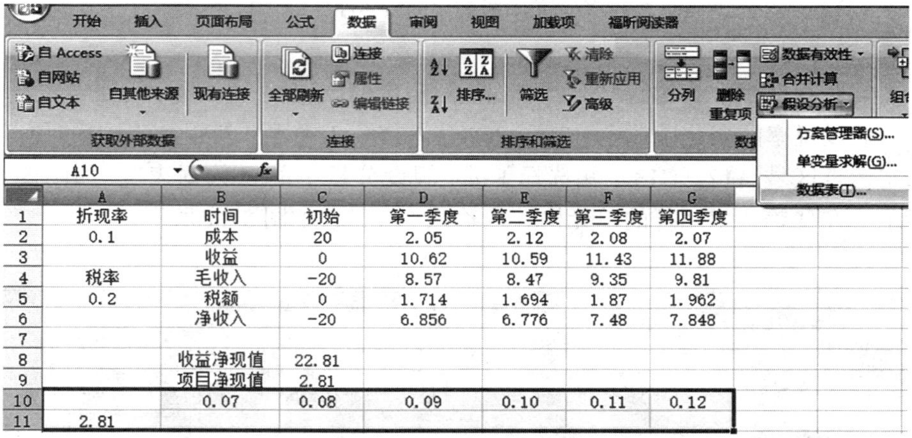

图5-7 净现值对折现率的敏感性分析（1）

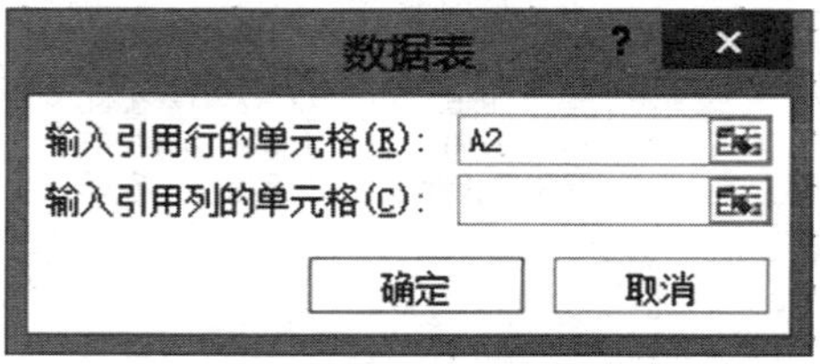

图5-8 净现值对折现率的敏感性分析（2）

计算结果如图5-9所示，可以发现不同折现率所对应的净现值发生改变，且折现率的增加会导致项目净现值的下降。例如折现率为8%时，所对应的项目净现值为 3.86 万元；而折现率为 12% 时，所对应的项目净现值为 1.83 万元。

	A	B	C	D	E	F	G
1	折现率	时间	初始	第一季度	第二季度	第三季度	第四季度
2	0.1	成本	20	2.05	2.12	2.08	2.07
3		收益	0	10.62	10.59	11.43	11.88
4	税率	毛收入	-20	8.57	8.47	9.35	9.81
5	0.2	税额	0	1.714	1.694	1.87	1.962
6		净收入	-20	6.856	6.776	7.48	7.848
7							
8		收益净现值	22.81				
9		项目净现值	2.81				
10		0.07	0.08	0.09	0.10	0.11	0.12
11	2.81	4.419007202	3.863855	3.328785379	2.812852	2.315162	1.834876

图 5-9　净现值对折现率的敏感性分析（3）

②在折现率不变的情况下，净现值对税率的敏感性。

假设税率的变化范围为 17%~23%，在 Excel 中录入变化范围内的税率，选定运算区域 A12：G13，并选择 Excel 假设分析中的"数据表"，如图 5-10 所示。在"输入引用行的单元格"内输入"A5"，如图 5-11 所示。

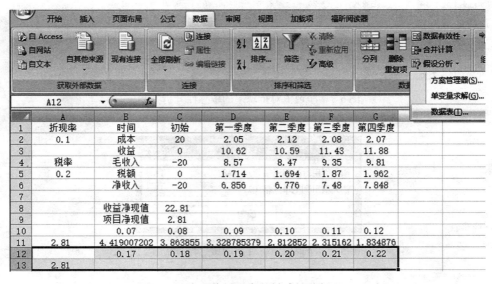

图 5-10　净现值对税率的敏感性分析（1）

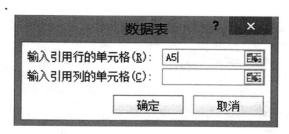

图 5-11 净现值对税率的敏感性分析（2）

计算结果如图 5-12 所示，可以发现不同税率所对应的净现值发生改变，且税率的增加会导致项目净现值的下降。例如税率为 17% 时，所对应的项目净现值为 3.67 万元；而税率为 21% 时，所对应的项目净现值为 2.53 万元。

	A	B	C	D	E	F	G
1	折现率	时间	初始	第一季度	第二季度	第三季度	第四季度
2	0.1	成本	20	2.05	2.12	2.08	2.07
3		收益	0	10.62	10.59	11.43	11.88
4	税率	毛收入	-20	8.57	8.47	9.35	9.81
5	0.2	税额	0	1.714	1.694	1.87	1.962
6		净收入	-20	6.856	6.776	7.48	7.848
7							
8		收益净现值	22.81				
9		项目净现值	2.81				
10		0.07	0.08	0.09	0.10	0.11	0.12
11	2.81	4.419007202	3.863855	3.328785379	2.812852	2.315162	1.834876
12		0.17	0.18	0.19	0.20	0.21	0.22
13	2.81	3.668333515	3.383173	3.098012226	2.812852	2.527691	2.24253

图 5-12 净现值对税率的敏感性分析（3）

③在折现率和税率均发生改变的情况下，净现值的敏感性分析。

假设折现率的变化范围为 7%~12%，税率的变化范围为 17%~23%，在 Excel 中录入变化范围内的折现率（行）和税率（列），选定运算区域 A14：G20，并选择 Excel 假设分析中的"数据表"，如图 5-13 所示。在输入引用行的单元格内输入"A2"，在输入引用列的单元格内输入"A5"，如图 5-14 所示。

计算结果如图 5-15 所示，可以发现不同折现率和税率所对应的净现值发

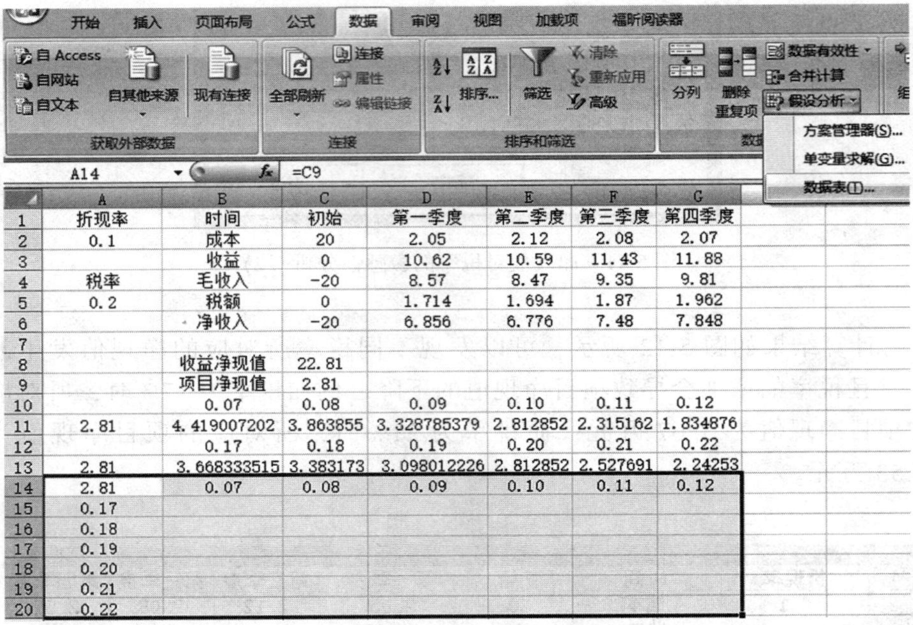

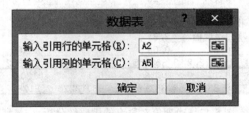

图 5-13　净现值对折现率和税率的敏感性分析（1）

数据表	?	×
输入引用行的单元格(R)：	A2	
输入引用列的单元格(C)：	A5	
	确定	取消

图 5-14　净现值对折现率和税率的敏感性分析（2）

生改变，且折现率和税率的增加会导致项目净现值的下降。例如折现率为
9%、税率为 19% 时，所对应的项目净现值为 3.62 万元；而折现率为 11%、税
率为 21% 时，所对应的项目净现值为 2.04 万元。

5.4.2　两投资组合决策模型实验

假设某潮流服饰品牌 A 电子商务公司，其商品投资选择为衬衫和 T 恤，
其一整年各月度收益率分布如表 5-2 所示。试求出风险最小的投资组合。

68

	A	B	C	D	E	F	G
1	折现率	时间	初始	第一季度	第二季度	第三季度	第四季度
2	0.1	成本	20	2.05	2.12	2.08	2.07
3		收益	0	10.62	10.59	11.43	11.88
4	税率	毛收入	-20	8.57	8.47	9.35	9.81
5	0.2	税额	0	1.714	1.694	1.87	1.962
6		净收入	-20	6.856	6.776	7.48	7.848
7							
8		收益净现值	22.81				
9		项目净现值	2.81				
10		0.07	0.08	0.09	0.10	0.11	0.12
11	2.81	4.419007202	3.863855	3.328785379	2.812852	2.315162	1.834876
12		0.17	0.18	0.19	0.20	0.21	0.22
13	2.81	3.668333515	3.383173	3.098012226	2.812852	2.527691	2.24253
14	2.81	0.07	0.08	0.09	0.10	0.11	0.12
15	0.17	5.334719972	4.75875	4.20361483	3.668334	3.151981	2.653684
16	0.18	5.029482382	4.460452	3.912005013	3.383173	2.873041	2.380748
17	0.19	4.724244792	4.162154	3.620395196	3.098012	2.594102	2.107812
18	0.20	4.42	3.863855	3.328785379	2.812852	2.315162	1.834876
19	0.21	4.113769612	3.565557	3.037175561	2.527691	2.036223	1.56194
20	0.22	3.808532022	3.267259	2.745565744	2.24253	1.757283	1.289005

图 5-15　净现值对折现率和税率的敏感性分析（3）

表 5-2　　　　　　　　　　投资收益率月度分布表　　　　　　　单位:%

时间	衬衫	T恤	时间	衬衫	T恤
1 月	5.6	-4.2	7 月	5.5	30.2
2 月	6.2	-3.8	8 月	6.8	28.1
3 月	10.7	-0.6	9 月	12.1	15.8
4 月	20.3	5.9	10 月	13.2	9.1
5 月	14.3	9.6	11 月	7.2	2.6
6 月	8.2	35.6	12 月	5.9	-1.5

5.4.2.1　数据的录入

根据 A 公司衬衫、T恤投资月份收益率的基本情况，在 Excel 表格中录入相关信息，如图 5-16 所示。

5.4.2.2　样本收益均值和标准差的计算

收益率均值的计算采用 Excel 中的 "AVERAGE" 函数。衬衫的收益率均值计算即在 B15 单元格中输入公式 "=AVERAGE（B2：B13）"，得到衬衫收益率均值为 9.67%。将鼠标移至单元格 B15 右下方，待出现黑色 "+" 时，向右拖动至单元格 C15，得到 T恤的收益率均值 10.57%。

	A	B	C
1	月份	衬衫	T恤
2	1	5.6	-4.2
3	2	6.2	-3.8
4	3	10.7	-0.6
5	4	20.3	5.9
6	5	14.3	9.6
7	6	8.2	35.6
8	7	5.5	30.2
9	8	6.8	28.1
10	9	12.1	15.8
11	10	13.2	9.1
12	11	7.2	2.6
13	12	5.9	-1.5

图 5-16　服饰公司 A 投资收益率数据录入

收益率标准差的计算采用 Excel 中的"STDEV"函数。衬衫的收益率标准差计算即在 B16 单元格中输入公式"=STDEV（B2：B13）"，得到衬衫收益率标准差为 4.58。将鼠标移至单元格 B16 右下方，待出现黑色"+"时，向右拖动至单元格 C16，得到 T 恤的收益率标准差 13.92。

样本收益率均值和标准差的计算结果如图 5-17 所示。

	A	B	C
1	月份	衬衫	T恤
2	1	5.6	-4.2
3	2	6.2	-3.8
4	3	10.7	-0.6
5	4	20.3	5.9
6	5	14.3	9.6
7	6	8.2	35.6
8	7	5.5	30.2
9	8	6.8	28.1
10	9	12.1	15.8
11	10	13.2	9.1
12	11	7.2	2.6
13	12	5.9	-1.5
14			
15	均值	9.66667	10.5667
16	标准差	4.57828	13.9154

图 5-17　服饰公司 A 投资收益率均值与标准差

5.4.2.3 样本协方差矩阵的计算

样本协方差矩阵的计算有两种常用方法,一种是利用 Excel 函数在各单元格中输入公式计算;另一种是利用 Excel 分析工具库中的数据分析功能模块,进行协方差分析。以下将分别按两种方式进行样本协方差矩阵的计算。

①Excel 公式计算。

由于方差矩阵的基本形式为:$\sum = \begin{pmatrix} \sigma_{11} & \sigma_{12} \\ \sigma_{21} & \sigma_{22} \end{pmatrix}$,其中 σ_{11} 为变量 x_1 的方差 σ_1^2,σ_{22} 为变量 x_2 的方差 σ_2^2,σ_{12} 为变量 x_1 和 x_2 的协方差。

因此,在本例中,变量 x_1 为衬衫,变量 x_2 为 T 恤。样本方差 σ_{11} 和 σ_{22} 的计算利用 Excel 的样本方差函数"VAR"计算,即在单元格 E2 和 F3 中分别输入公式"=VAR(B2:B13)"和"=VAR(C2:C13)"。

协方差的计算则利用 Excel 的协方差函数"COVAR"。由于协方差函数"COVAR"的分母是 n,而进行样本协方差计算的时候,分母应为 $(n-1)$。因此,在本例中,利用"COVAR"计算的协方差值还应乘以 $(12/11)$,即在单元格 E3 中输入公式"=COVAR(B2:B13,C2:C13)*12/11"。由于协方差 $\sigma_{12} = \sigma_{21}$,因此,在单元格 F2 中输入公式"=E3"即可。至此,可得到本例中协方差矩阵计算结果,如图 5-18 所示。

	A	B	C	D	E	F
1	月份	衬衫	T恤		协方差矩阵	
2	1	5.6	-4.2		20.960606	-4.719394
3	2	6.2	-3.8		-4.719394	193.63879
4	3	10.7	-0.6			
5	4	20.3	5.9			
6	5	14.3	9.6			
7	6	8.2	35.6			
8	7	5.5	30.2			
9	8	6.8	28.1			
10	9	12.1	15.8			
11	10	13.2	9.1			
12	11	7.2	2.6			
13	12	5.9	-1.5			
14						
15	均值	9.66667	10.5667			
16	标准差	4.57828	13.9154			

图 5-18 服饰公司 A 投资收益率协方差矩阵

②Excel 数据分析功能计算。

选择"数据"选项卡里的"数据分析"功能模块，在弹出的"数据分析"窗口中，选择"协方差"分析工具，并单击"确定"，如图 5-19 所示。

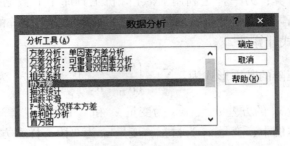

图 5-19　数据分析窗口

在弹出的"协方差"分析工具窗口中，"输入区域"填入"＄B＄2：＄C＄13"，即样本数据。由于样本数据是按列划分类别的，因此"分组方式"选择"逐列"。输出选项中，选择"输出区域"，并填入"＄E＄6：＄F＄7"，即协方差结果的输出区域，如图 5-20 所示。

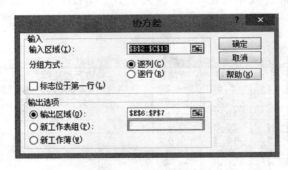

图 5-20　协方差分析窗口

协方差矩阵的计算如图 5-21 所示，可见，计算得到的"协方差矩阵 2"与直接输入公式计算的"协方差矩阵"的结果有差异，这是因为利用"数据分析"中的"协方差分析"计算时，同样分母为 n 而不是 $n-1$，因此，把 F7：G8 的各项乘以（12/11）后得到"协方差矩阵 3"，其值与"协方差矩阵"的结果一致，也即本样本的协方差矩阵，如图 5-22 所示。

5.4.2.4　投资组合收益率的计算

在单元格 B18 和 C18 中分别输入投资衬衫和 T 恤的投资比例，假设初始

	A	B	C	D	E	F	G
1	月份	衬衫	T恤		协方差矩阵		
2	1	5.6	-4.2		20.960606	-4.719394	
3	2	6.2	-3.8		-4.719394	193.63879	
4	3	10.7	-0.6				
5	4	20.3	5.9		协方差矩阵2		
6	5	14.3	9.6			列1	列2
7	6	8.2	35.6		列1	19.213889	
8	7	5.5	30.2		列2	-4.326111	177.5022
9	8	6.8	28.1				
10	9	12.1	15.8				
11	10	13.2	9.1				
12	11	7.2	2.6				
13	12	5.9	-1.5				
14							
15	均值	9.66667	10.5667				
16	标准差	4.57828	13.9154				

图 5-21　协方差分析结果

	A	B	C	D	E	F	G
1	月份	衬衫	T恤		协方差矩阵		
2	1	5.6	-4.2		20.960606	-4.719394	
3	2	6.2	-3.8		-4.719394	193.63879	
4	3	10.7	-0.6				
5	4	20.3	5.9		协方差矩阵2		
6	5	14.3	9.6			列1	列2
7	6	8.2	35.6		列1	19.213889	
8	7	5.5	30.2		列2	-4.326111	177.5022
9	8	6.8	28.1				
10	9	12.1	15.8		协方差矩阵3		
11	10	13.2	9.1			列1	列2
12	11	7.2	2.6		列1	20.960606	
13	12	5.9	-1.5		列2	-4.719394	193.6388
14							
15	均值	9.66667	10.5667				
16	标准差	4.57828	13.9154				

图 5-22　服饰公司 A 投资收益率协方差矩阵对比

值为 0.5 和 0.5。在单元格 D18 中输入两种投资比例和计算公式"＝B18＋C18"。为了便于计算，还需输入投资比例矩阵，即分别在单元格 F17 和单元格 F18 中输入公式"＝B18"和"＝C18"，如图 5-23 所示。

根据投资组合收益计算公式，该服饰公司投资组合收益率的计算即在单元格 C20 中输入公式"＝SUMPRODUCT（B18：C18，B15：C15）"，计算结果如图 5-24 所示。

	A	B	C	D	E	F	G
1	月份	衬衫	T恤		协方差矩阵		
2	1	5.6	-4.2		20.960606	-4.719394	
3	2	6.2	-3.8		-4.719394	193.63879	
4	3	10.7	-0.6				
5	4	20.3	5.9		协方差矩阵2		
6	5	14.3	9.6			列 1	列 2
7	6	8.2	35.6		列 1	19.213889	
8	7	5.5	30.2		列 2	-4.326111	177.5022
9	8	6.8	28.1				
10	9	12.1	15.8		协方差矩阵3		
11	10	13.2	9.1			列 1	列 2
12	11	7.2	2.6		列 1	20.960606	
13	12	5.9	-1.5		列 2	-4.719394	193.6388
14							
15	均值	9.666667	10.56667				
16	标准差	4.578275	13.91542				
17				比例和	投资比例1	0.5	
18	比例	0.5	0.5	1	投资比例2	0.5	
19							
20	投资组合收益率						
21	投资组合风险						

图 5-23　服饰公司 A 投资比例输入

	A	B	C	D	E	F	G
1	月份	衬衫	T恤		协方差矩阵		
2	1	5.6	-4.2		20.960606	-4.719394	
3	2	6.2	-3.8		-4.719394	193.63879	
4	3	10.7	-0.6				
5	4	20.3	5.9		协方差矩阵2		
6	5	14.3	9.6			列 1	列 2
7	6	8.2	35.6		列 1	19.213889	
8	7	5.5	30.2		列 2	-4.326111	177.5022
9	8	6.8	28.1				
10	9	12.1	15.8		协方差矩阵3		
11	10	13.2	9.1			列 1	列 2
12	11	7.2	2.6		列 1	20.960606	
13	12	5.9	-1.5		列 2	-4.719394	193.6388
14							
15	均值	9.666667	10.56667				
16	标准差	4.578275	13.91542				
17				比例和	投资比例1	0.5	
18	比例	0.5	0.5	1	投资比例2	0.5	
19							
20	投资组合收益率	10.11667					
21	投资组合风险						

图 5-24　服饰公司 A 投资组合收益率

5.4.2.5　投资组合风险的计算

根据投资组合风险计算公式,该服饰公司投资组合风险的计算即在单元格

C21 中输入公式 "＝SQRT（MMULT（MMULT（B18：C18，E2：F3），F17：F18））"，计算结果如图 5-25 所示。

	A	B	C	D	E	F	G
1	月份	衬衫	T恤		协方差矩阵		
2	1	5.6	-4.2		20.960606	-4.719394	
3	2	6.2	-3.8		-4.719394	193.63879	
4	3	10.7	-0.6				
5	4	20.3	5.9		协方差矩阵2		
6	5	14.3	9.6			列 1	列 2
7	6	8.2	35.6		列 1	19.213889	
8	7	5.5	30.2		列 2	-4.326111	177.5022
9	8	6.8	28.1				
10	9	12.1	15.8		协方差矩阵3		
11	10	13.2	9.1			列 1	列 2
12	11	7.2	2.6		列 1	20.960606	
13	12	5.9	-1.5		列 2	-4.719394	193.6388
14							
15	均值	9.666667	10.56667				
16	标准差	4.578275	13.91542				
17				比例和	投资比例1	0.5	
18	比例	0.5	0.5	1	投资比例2	0.5	
19							
20	投资组合收益率		10.11667				
21	投资组合风险		7.161714				

图 5-25　服饰公司 A 投资组合风险

5.4.2.6　规划求解

由于该服饰公司期望寻找到投资风险最小的投资组合策略，在规划求解时，目标函数即为风险值最小。同时，可变单元格的即为衬衫和 T 恤的投资比例。该规划求解的约束条件，即衬衫和 T 恤的投资比例均介于 0~1 之间，且比例和等于 1。

根据以上要求，点击"加载项"中的"规划求解"，进行线性规划参数设置。其中，设置目标单元格为"＄C＄21"，选择等于"最小值"，可变单元格为"＄B＄18：＄C＄18"。接着，分别添加约束条件"＄B＄18<=1"、"＄B＄18>=0"、"＄C＄18<=1"、"＄C＄18>=0"和"＄D＄18=1"。此外，在"选项"中选择"假定非负"，规划求解最终参数设置如图 5-26 所示。

该服饰公司投资组合规划求解结果如图 5-27 所示，可见当衬衫投资比例为 88.54%、T 恤投资比例为 11.46%时，投资组合风险最小。此时，投资风险值为 4.24，投资组合收益率为 9.77%。

图 5-26　服饰公司 A 投资组合规划求解参数设置

	A	B	C	D	E	F	G
1	月份	衬衫	T恤		协方差矩阵		
2	1	5.6	-4.2		20.960606	-4.719394	
3	2	6.2	-3.8		-4.719394	193.63879	
4	3	10.7	-0.6				
5	4	20.3	5.9		协方差矩阵2		
6	5	14.3	9.6			列 1	列 2
7	6	8.2	35.6		列 1	19.213889	
8	7	5.5	30.2		列 2	-4.326111	177.5022
9	8	6.8	28.1				
10	9	12.1	15.8		协方差矩阵3		
11	10	13.2	9.1			列 1	列 2
12	11	7.2	2.6		列 1	20.960606	
13	12	5.9	-1.5		列 2	-4.719394	193.6388
14							
15	均值	9.666667	10.56667				
16	标准差	4.578275	13.91542				
17				比例和	投资比例1	0.8853767	
18	比例	0.885377	0.114623	1	投资比例2	0.1146233	
19							
20	投资组合收益率	9.769828					
21	投资组合风险	4.244653					

图 5-27　服饰公司 A 投资组合规划求解结果

5.4.3　多投资组合决策模型实验

假设该潮流服饰品牌 A 电子商务公司，其对投资商品品类进行了拓展，包括衬衫、T 恤、休闲裤和休闲鞋，其一整年各月度收益率分布如表 5-3 所示。试求出风险最小的投资组合。

表 5-3　　潮流品牌电子商务公司月度收益率　　单位：%

时间	衬衫	T 恤	休闲裤	休闲鞋
1 月	5.6	−4.2	4.2	2.3
2 月	6.2	−3.8	−2.1	1.2
3 月	10.7	−0.6	5.6	9.5
4 月	20.3	5.9	1.7	13.9
5 月	14.3	9.6	13.8	17.3
6 月	8.2	35.6	2.2	7.9
7 月	5.5	30.2	3.8	7.7
8 月	6.8	28.1	9.4	5.8
9 月	12.1	15.8	16.1	12.8
10 月	13.2	9.1	10.3	13.2
11 月	7.2	2.6	5.7	3.6
12 月	5.9	−1.5	4.8	13.1

5.4.3.1　数据的录入

根据 A 公司衬衫、T 恤、休闲裤和休闲鞋投资月份收益率的基本情况，在 Excel 表格中录入相关信息，如图 5-28 所示。

	A	B	C	D	E
1	月份	衬衫	T恤	休闲裤	休闲鞋
2	1	5.6	-4.2	4.2	2.3
3	2	6.2	-3.8	-2.1	1.2
4	3	10.7	-0.6	5.6	9.5
5	4	20.3	5.9	1.7	13.9
6	5	14.3	9.6	13.8	17.3
7	6	8.2	35.6	2.2	7.9
8	7	5.5	30.2	3.8	7.7
9	8	6.8	28.1	9.4	5.8
10	9	12.1	15.8	16.1	12.8
11	10	13.2	9.1	10.3	13.2
12	11	7.2	2.6	5.7	3.6
13	12	5.9	-1.5	4.8	13.1

图 5-28　服饰公司 A 扩充投资收益率数据录入

5.4.3.2　样本收益均值和标准差的计算

采用 Excel 中的 "AVERAGE" 函数计算样本收益均值，补充休闲裤和休闲鞋的收益率均值，即在 D15 单元格中输入公式 " = AVERAGE （D2：D13）"，得到休闲裤收益率均值为 6.29%。将鼠标移至单元格 D15 右下方，待出现黑色 "+" 时，向右拖动至单元格 E15，得到休闲鞋的收益率均值 9.03%。

采用 Excel 中的 "STDEV" 函数计算样本标准差，补充休闲裤和休闲鞋的收益率标准差，即在 D16 单元格中输入公式 " = STDEV （D2：D13）"，得到休闲裤收益率标准差为 5.22。将鼠标移至单元格 D16 右下方，待出现黑色 "+" 时，向右拖动至单元格 E16，得到休闲鞋的收益率标准差 5.14。

样本收益率均值和标准差的计算结果如图 5-29 所示。

	A	B	C	D	E
1	月份	衬衫	T恤	休闲裤	休闲鞋
2	1	5.6	-4.2	4.2	2.3
3	2	6.2	-3.8	-2.1	1.2
4	3	10.7	-0.6	5.6	9.5
5	4	20.3	5.9	1.7	13.9
6	5	14.3	9.6	13.8	17.3
7	6	8.2	35.6	2.2	7.9
8	7	5.5	30.2	3.8	7.7
9	8	6.8	28.1	9.4	5.8
10	9	12.1	15.8	16.1	12.8
11	10	13.2	9.1	10.3	13.2
12	11	7.2	2.6	5.7	3.6
13	12	5.9	-1.5	4.8	13.1
14					
15	均值	9.666667	10.56667	6.291667	9.025
16	标准差	4.578275	13.91542	5.223976	5.135106

图 5-29　服饰公司 A 扩充投资收益率均值与标准差

5.4.3.3　样本协方差矩阵的计算

选择 "数据" 选项卡里的 "数据分析" 功能模块，在弹出的 "数据分析" 窗口中，选择 "协方差" 分析工具，并单击 "确定"。在弹出的 "协方差" 分析工具窗口中，在 "输入区域" 填入 " ＄B＄2：＄E＄13"，"分组方式" 选择 "逐列"，"输出区域"，并填入 " ＄G＄2：＄J＄5"，即协方差结果的输出区域，如图 5-30 所示。

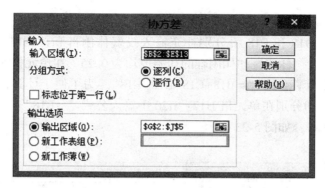

图 5-30 品类扩充后协方差分析窗口

协方差矩阵的计算如图 5-31 所示，把 H3：K6 的各项乘以（12/11）后得到"协方差矩阵 2"，即本样本的协方差矩阵，如图 5-32 所示。

	A	B	C	D	E	F	G	H	I	J	K
1	月份	衬衫	T恤	休闲裤	休闲鞋		协方差矩阵				
2	1	5.6	-4.2	4.2	2.3			列 1	列 2	列 3	列 4
3	2	6.2	-3.8	-2.1	1.2		列 1	19.213889			
4	3	10.7	-0.6	5.6	9.5		列 2	-4.326111	177.5022		
5	4	20.3	5.9	1.7	13.9		列 3	2.525	18.73917	25.01576	
6	5	14.3	9.6	13.8	17.3		列 4	0.8286111	-21.0639	-1.60958	24.17188
7	6	8.2	35.6	2.2	7.9						
8	7	5.5	30.2	3.8	7.7						
9	8	6.8	28.1	9.4	5.8						
10	9	12.1	15.8	16.1	12.8						
11	10	13.2	9.1	10.3	13.2						
12	11	7.2	2.6	5.7	3.6						
13	12	5.9	-1.5	4.8	13.1						
14											
15	均值	9.666667	10.56667	6.291667	9.025						
16	标准差	4.578275	13.91542	5.223976	5.135106						

图 5-31 品类扩充后协方差分析结果（1）

	A	B	C	D	E	F	G	H	I	J	K
1	月份	衬衫	T恤	休闲裤	休闲鞋		协方差矩阵				
2	1	5.6	-4.2	4.2	2.3			列 1	列 2	列 3	列 4
3	2	6.2	-3.8	-2.1	1.2		列 1	19.213889			
4	3	10.7	-0.6	5.6	9.5		列 2	-4.326111	177.5022		
5	4	20.3	5.9	1.7	13.9		列 3	2.525	18.73917	25.01576	
6	5	14.3	9.6	13.8	17.3		列 4	0.8286111	-21.0639	-1.60958	24.17188
7	6	8.2	35.6	2.2	7.9						
8	7	5.5	30.2	3.8	7.7		协方差矩阵2				
9	8	6.8	28.1	9.4	5.8			列 1	列 2	列 3	列 4
10	9	12.1	15.8	16.1	12.8		列 1	20.960606	-4.71939	2.754545	0.903939
11	10	13.2	9.1	10.3	13.2		列 2	-4.719394	193.6388	20.44273	-22.9788
12	11	7.2	2.6	5.7	3.6		列 3	2.7545455	20.44273	27.28992	-1.75591
13	12	5.9	-1.5	4.8	13.1		列 4	0.9039394	-22.9788	-1.75591	26.36932
14											
15	均值	9.666667	10.56667	6.291667	9.025						
16	标准差	4.578275	13.91542	5.223976	5.135106						

图 5-32 品类扩充后协方差分析结果（2）

5.4.3.4　投资组合收益率的计算

在单元格 D18 和 E18 中分别补充输入投资休闲裤和休闲鞋的投资比例，假设衬衫、T 恤、休闲裤和休闲鞋的初始值均为 0.25。在单元格 F18 中输入两种投资比例和计算公式"=B18+C18+D18+E18"。为了便于计算，还需输入投资比例矩阵，即分别在单元格 H17：H20 中输入公式"=B18"、"=C18"、"=D18"、"=E18"，如图 5-33 所示。

	A	B	C	D	E	F	G	H	I	J	K
1	月份	衬衫	T恤	休闲裤	休闲鞋		协方差矩阵				
2	1	5.6	-4.2	4.2	2.3			列 1	列 2	列 3	列 4
3	2	6.2	-3.8	-2.1	1.2		列 1	19.213889			
4	3	10.7	-0.6	5.6	9.5		列 2	-4.326111	177.5022		
5	4	20.3	5.9	1.7	13.9		列 3	2.525	18.73917	25.01576	
6	5	14.3	9.6	13.8	17.3		列 4	0.8286111	-21.0639	-1.60958	24.17188
7	6	8.2	35.6	2.2	7.9						
8	7	5.5	30.2	3.8	7.7		协方差矩阵2				
9	8	6.8	28.1	9.4	5.8			列 1	列 2	列 3	列 4
10	9	12.1	15.8	16.1	12.8		列 1	20.960606	-4.71939	2.754545	0.903939
11	10	13.2	9.1	10.3	13.2		列 2	-4.719394	193.6388	20.44273	-22.9788
12	11	7.2	2.6	6.7	13.4		列 3	2.7545455	20.44273	27.28992	-1.75591
13	12	5.9	-1.5	4.8	13.1		列 4	0.9039394	-22.9788	-1.75591	26.36932
14											
15	均值	9.666667	10.56667	6.291667	9.025						
16	标准差	4.578275	13.91542	5.223976	5.135106						
17						比例和	投资比例1	0.25			
18	比例	0.25	0.25	0.25	0.25	1	投资比例2	0.25			
19							投资比例3	0.25			
20	投资组合收益率						投资比例4	0.25			
21	投资组合风险										

图 5-33　服饰公司 A 扩充投资比例输入

根据投资组合收益计算公式，该服饰公司投资组合收益率的计算即在单元格 C20 中输入公式"=SUMPRODUCT（B18：E18，B15：E15）"，计算结果如图 5-34 所示。

5.4.3.5　投资组合风险的计算

根据投资组合风险计算公式，该服饰公司投资组合风险的计算即在单元格 C21 中输入公式"=SQRT（MMULT（MMULT（B18：E18，H10：K13），H17：H20））"，计算结果如图 5-35 所示。

5.4.3.6　规划求解

由于该服饰公司期望寻找到扩充投资品类后投资风险最小的投资组合策略。因而，在规划求解时，目标函数即为风险值最小。同时，可变单元格的即为衬衫、T 恤、休闲裤、休闲鞋的投资比例。该规划求解的约束条件，即衬衫、T 恤、休闲裤、休闲鞋的投资比例均介于 0~1 之间，且比例和等于 1。

根据以上要求，点击"加载项"中的"规划求解"，进行线性规划参数设

	A	B	C	D	E	F	G	H	I	J	K
1	月份	衬衫	T恤	休闲裤	休闲鞋		协方差矩阵				
2	1	5.6	-4.2	4.2	2.3			列1	列2	列3	列4
3	2	6.2	-3.8	-2.1	1.2		列1	19.213889			
4	3	10.7	-0.6	5.6	9.5		列2	-4.326111	177.5022		
5	4	20.3	5.9	1.7	13.9		列3	2.525	18.73917	25.01576	
6	5	14.3	9.6	13.8	17.3		列4	0.8286111	-21.0639	-1.60958	24.17188
7	6	8.2	35.6	2.2	7.9						
8	7	5.5	30.2	3.8	7.7		协方差矩阵2				
9	8	6.8	28.1	9.4	5.8			列1	列2	列3	列4
10	9	12.1	15.8	16.1	12.8		列1	20.960606	-4.71939	2.754545	0.903939
11	10	13.2	9.1	10.3	13.2		列2	-4.719394	193.6388	20.44273	-22.9788
12	11	7.2	2.6	5.7	3.6		列3	2.7545455	20.44273	27.28992	-1.75591
13	12	5.9	-1.5	4.8	13.1		列4	0.9039394	-22.9788	-1.75591	26.36932
14											
15	均值	9.666667	10.56667	6.291667	9.025						
16	标准差	4.578275	13.91542	5.223976	5.135106						
17						比例和	投资比例1	0.25			
18	比例	0.25	0.25	0.25	0.25	1	投资比例2	0.25			
19							投资比例3	0.25			
20	投资组合收益率	8.8875					投资比例4	0.25			
21	投资组合风险										

图 5-34 服饰公司 A 扩充投资组合收益率

	A	B	C	D	E	F	G	H	I	J	K
1	月份	衬衫	T恤	休闲裤	休闲鞋		协方差矩阵				
2	1	5.6	-4.2	4.2	2.3			列1	列2	列3	列4
3	2	6.2	-3.8	-2.1	1.2		列1	19.213889			
4	3	10.7	-0.6	5.6	9.5		列2	-4.326111	177.5022		
5	4	20.3	5.9	1.7	13.9		列3	2.525	18.73917	25.01576	
6	5	14.3	9.6	13.8	17.3		列4	0.8286111	-21.0639	-1.60958	24.17188
7	6	8.2	35.6	2.2	7.9						
8	7	5.5	30.2	3.8	7.7		协方差矩阵2				
9	8	6.8	28.1	9.4	5.8			列1	列2	列3	列4
10	9	12.1	15.8	16.1	12.8		列1	20.960606	-4.71939	2.754545	0.903939
11	10	13.2	9.1	10.3	13.2		列2	-4.719394	193.6388	20.44273	-22.9788
12	11	7.2	2.6	5.7	3.6		列3	2.7545455	20.44273	27.28992	-1.75591
13	12	5.9	-1.5	4.8	13.1		列4	0.9039394	-22.9788	-1.75591	26.36932
14											
15	均值	9.666667	10.56667	6.291667	9.025						
16	标准差	4.578275	13.91542	5.223976	5.135106						
17						比例和	投资比例1	0.25			
18	比例	0.25	0.25	0.25	0.25	1	投资比例2	0.25			
19							投资比例3	0.25			
20	投资组合收益率	8.8875					投资比例4	0.25			
21	投资组合风险	4.012114									

图 5-35 服饰公司 A 扩充投资组合风险

置。其中，设置目标单元格为"＄C＄21"，选择等于"最小值"，可变单元格为"＄B＄18：＄E＄18"。接着，补充约束条件"＄D＄18<=1"、"＄D＄18>=0"、"＄E＄18<=1"、"＄E＄18>=0"和"＄F＄18=1"。此外，在"选项"中选择"假定非负"，规划求解最终参数设置如图 5-36 所示。

该服饰公司投资组合规划求解结果如图 5-37 所示，可见当衬衫投资比例为 34.55%、T恤投资比例为 6.80%、休闲裤投资比例为 22.57%、休闲鞋投资

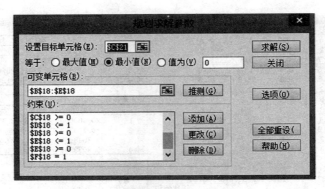

图 5-36　服饰公司 A 扩充投资组合规划求解参数设置

比例为 36.08% 时，投资组合风险最小。此时，投资风险值为 2.80，投资组合收益率为 8.73%。

	A	B	C	D	E	F	G	H	I	J	K
1	月份	衬衫	T恤	休闲裤	休闲鞋		协方差矩阵				
2	1	5.6	-4.2	4.2	2.3			列 1	列 2	列 3	列 4
3	2	6.2	-3.8	-2.1	1.2		列 1	19.213889			
4	3	10.7	-0.6	5.6	9.5		列 2	-4.326111	177.5022		
5	4	20.3	5.9	1.7	1.9		列 3	2.525	18.73917	25.01576	
6	5	14.3	9.6	13.8	17.3		列 4	0.8286111	-21.0639	-1.60958	24.17188
7	6	8.2	35.6	2.2	7.9						
8	7	5.5	30.2	3.8	7.7		协方差矩阵2				
9	8	6.8	28.1	9.4	5.8			列 1	列 2	列 3	列 4
10	9	12.1	15.8	16.1	12.8		列 1	20.960606	-4.71939	2.754545	0.903939
11	10	13.2	9.1	10.3	13.2		列 2	-4.719394	193.6388	20.44273	-22.9788
12	11	7.2	2.2	5.7	3.6		列 3	2.7545455	20.44273	27.28992	-1.75591
13	12	5.9	-1.5	4.8	13.1		列 4	0.9039394	-22.9788	-1.75591	26.36932
14											
15	均值	9.666667	10.56667	6.291667	9.025						
16	标准差	4.578275	13.91542	5.223976	5.135106						
17						比例和	投资比例1	0.3454484			
18	比例	0.345448	0.068045	0.225669	0.360338	1	投资比例2	0.0680447			
19							投资比例3	0.2256692			
20	投资组合收益率	8.734736					投资比例4	0.3608377			
21	投资组合风险	2.804901									

图 5-37　服饰公司 A 扩充投资组合规划求解结果

5.4.3.7　增加收益率保证约束

假设该服饰公司要求收益率不低于 9%，并尽量降低投资风险。此时，目标函数不变，即仍然是求解投资组合风险的最小值。然而，还需要进一步对规划求解约束条件进行更改，即增加约束"＄C＄20>=9"，如图 5-38 所示。

收益率保证前提下的规划求解结果如图 5-39 所示。显然，在进行收益率保证的前提下，为了尽量降低投资组合风险，各产品投资比例发生变化，衬

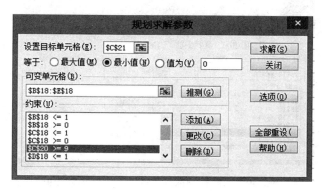

图 5-38　收益率保证前提下的规划求解参数变更

衫、T 恤和休闲鞋的投资比例上升，而休闲裤的投资比例下降。新的投资组合收益率为 9%，风险水平为 2.84。

	A	B	C	D	E	F	G	H	I	J	K
2	1	5.6	-4.2	4.2	2.3			列1	列2	列3	列4
3	2	6.2	-3.8	-2.1	1.2		列1	19.213889			
4	3	10.7	-0.6	5.6	9.5		列2	-4.326111	177.5022		
5	4	20.3	5.9	1.7	13.9		列3	2.525	18.73917	25.01576	
6	5	14.3	13.8	13.8	17.3		列4	0.8286111	-21.0639	-1.60958	24.17188
7	6	8.2	35.6	2.2	7.9						
8	7	5.5	30.2	3.8	7.7		协方差矩阵2				
9	8	6.8	28.1	9.4	5.8			列1	列2	列3	列4
10	9	12.1	15.8	16.1	12.8		列1	20.960606	-4.71939	2.754545	0.903939
11	10	13.2	9.1	10.3	13.2		列2	-4.719394	193.6388	20.44273	-22.9788
12	11	7.2	2.6	5.7	3.6		列3	2.7545455	20.44273	27.28992	-1.75591
13	12	5.9	-1.5	4.8	13.1		列4	0.9039394	-22.9788	-1.75591	26.36932
14											
15	均值	9.666667	10.56667	6.291667	9.025						
16	标准差	4.578275	13.91542	5.223976	5.135106						
17						比例和	投资比例1	0.388876			
18	比例	0.388876	0.085535	0.148681	0.376908	1	投资比例2	0.0855352			
19							投资比例3	0.1486813			
20	投资组合收益率		9				投资比例4	0.3769075			
21	投资组合风险		2.836696								

图 5-39　收益率保证前提下的投资组合规划求解结果

5.4.3.8　增加风险控制约束

假设该服饰公司要求风险水平不能高于 3，并尽量提升收益率。此时，目标函数发生改变，即求解投资组合收益率的最大值。此外，还需要进一步对规划求解约束条件进行更改，即增加约束 "＄C＄21<＝3"，如图 5-40 所示。

风险控制前提下的规划求解结果如图 5-41 所示。显然，在进行风险控制的前提下，为了尽量提升投资组合收益率，各产品投资比例发生变化，衬衫、

图 5-40　风险控制前提下的规划求解参数变更

T 恤和休闲鞋的投资比例上升，而休闲裤的投资比例下降。新的投资组合收益率为 9.40%，风险水平为 3。

	A	B	C	D	E	F	G	H	I	J	K
1	月份	衬衫	T恤	休闲裤	休闲鞋		协方差矩阵		列 1	列 2	列 3	列 4
2	1	5.6	-4.2	4.2	2.3		列 1	19.213889			
3	2	6.2	-3.8	-2.1	1.2		列 2	-4.326111	177.5022		
4	3	10.7	-0.6	5.6	9.5		列 3	2.525	18.73917	25.01576	
5	4	20.3	5.9	1.7	13.9		列 4	0.8286111	-21.0639	-1.60958	24.17188
6	5	14.3	9.6	13.8	17.3						
7	6	8.2	35.6	2.2	7.9		协方差矩阵2		列 1	列 2	列 3	列 4
8	7	5.5	30.2	3.8	7.7		列 1	20.960606	-4.71939	2.754545	0.903939
9	8	6.8	28.1	9.4	5.8		列 2	-4.719394	193.6388	20.44273	-22.9788
10	9	12.1	15.8	16.1	12.8		列 3	2.7545455	20.44273	27.28992	-1.75591
11	10	13.2	9.1	10.3	13.2		列 4	0.9039394	-22.9788	-1.75591	26.36932
12	11	7.2	2.6	5.7	3.6						
13	12	5.9	-1.5	4.8	13.1						
14											
15	均值	9.666667	10.56667	6.291667	9.025						
16	标准差	4.578275	13.91542	5.223976	5.135106						
17						比例和	投资比例1	0.4545598			
18	比例	0.45456	0.112001	0.032222	0.401217	1	投资比例2	0.1120013			
19							投资比例3	0.0322223			
20	投资组合收益率		9.40127				投资比例4	0.4012167			
21	投资组合风险		3								

图 5-41　风险控制前提下的投资组合规划求解结果

5.5　相关练习

5.5.1　练习（1）

假设一个投资项目，其前期投入成本为 10 万元，每个周期除了要支付固定成本外，还要支付其他可变成本，其现金流量表如表5-4所示。

表5-4　　　　　　　　　　投资项目现金流量表　　　　　　　单位：万元

时间	t_0	t_1	t_2	t_3	t_4	t_5	t_6
固定成本	10	1.1	1.1	1.1	1.1	1.1	1.1
可变成本	0	0.3	0.4	0.3	0.5	0.4	0.4
收益	0	4.64	5.12	4.93	4.88	5.29	5.01

（1）已知折现率为9%，所得税税率为25%，试判断该项目是否可行。

（2）如果折现率的变化范围为6%～13%，税率的变化范围为15%～25%，试进行净现值的敏感性分析。

5.5.2　练习（2）

假设投资者有一笔资金想进行投资，其投资选择为产权投资和基金理财两种，前10期的投资收益率分布如表5-5所示。

表5-5　　　　　　　　　　投资收益率期数分布表　　　　　　　单位:%

期数	产权投资	基金理财
1	13.5	3.8
2	−17.2	5.4
3	5.2	2.1
4	21.3	−1.2
5	−9.5	6.5
6	28.7	5.3
7	12.1	4.2
8	15.7	−2.7
9	−13.3	5.9
10	14.9	5.7

（1）产权投资和基金理财投资比例分别为25%和75%时，投资组合收益和风险。

（2）试求出风险最小的投资组合。

5.5.3　练习（3）

假设投资者有五种方式进行投资，前 12 期的投资收益率分布如表 5-6 所示。

表 5-6　　　　　　　　　　　**投资收益率期数分布表**　　　　　　　　　单位：%

期数	投资 1	投资 2	投资 3	投资 4	投资 5
1	3.7	3.8	4.5	7.2	3.8
2	4.2	3.3	−12.2	3.4	3.6
3	5.1	3.9	15.1	2.1	3
4	4.8	4.1	−1.3	9.3	4.8
5	9.5	4.2	6.5	−5.5	−1.5
6	5.7	4.3	18.2	−5.1	4.3
7	6.1	4.1	−12.9	4.3	4.9
8	3.7	4.6	5.7	7.7	5.7
9	−1.3	4.4	6.3	−2.9	5.9
10	4.9	4.8	5.9	4.7	5.7

（1）假设五种投资比例分别为 20% 时，投资组合收益和风险。
（2）试求出风险最小的投资组合。
（3）保证收益率为 4%，使风险最小的投资组合。
（4）保证风险水平在 2% 以下时，使收益最大的投资组合。

5.6　相 关 知 识

在投资组合决策分析中，成本（Costs）为投资资金的净流出，投资收益（Benefits）为投资资金的净流入，毛收入（Gross Revenues）为投资收益减去成本的差额，当毛收入为正时，所支付的所得税税额（Tax）为毛收入乘以所得税税率，净收入（Net Revenues）则为毛收入减去所得税税额的差额。

函数 IF：在 Excel 中输入公式 "=IF（logical_test，value_if_true，value_if_false）"，即可使用对数值和公式执行条件检测，并根据对指定的条件计算结果为 TRUE 或 FALSE，返回不同的结果。其中，logical_test 为判断条件，value_if_true 为判断结果为 TRUE 时的值，value_if_false 为判断结果为 FALSE 时的值。

函数 NPV：在 Excel 中输入公式 "=NPV（rate，value1，value2，⋯）"，即可通过使用贴现率以及一系列未来支出（负值）和收入（正值），返回一项投资的净现值。其中，rate 为某一期间的贴现率，是一固定值；value1、value2 等代表支出及收入的 1 到 254 个参数而且两个矩阵中都只能包含数值。

函数 AVERAGE：在 Excel 中输入公式 "=AVERAGE（number1，number2，⋯）"，即可返回参数的算术平均值。其中，number1、number2 等是要计算其平均值的 1 到 255 个数字参数。

函数 STDEV：在 Excel 中输入公式 "=STDEV（number1，number2，⋯）"，即可估算基于样本的标准偏差，用以反映数值相对于平均值（mean）的离散程度。其中，number1、number2 为对应于总体样本的 1 到 255 个参数，也可以不使用这种用逗号分隔参数的形式，而用单个数组或对数组的引用。

函数 VAR：在 Excel 中输入公式 "=VAR（number1，number2，⋯）"，即可计算基于给定样本的方差。其中，number1、number2 为对应于总体样本的 1 到 255 个参数。

函数 COVAR：在 Excel 中输入公式 "=COVAR（array1，array2）"，即可返回协方差，即每对数据点的偏差乘积的平均数，利用协方差可以决定两个数据集之间的关系。其中，array1 为第一个所含数据为整数的单元格区域，array2 为第二个所含数据为整数的单元格区域。

函数 SQRT：在 Excel 中输入公式 "=SQRT（number）"，即可返回正平方根。其中，number 是要计算平方根的数。

第6章 时间序列预测模型实验

6.1 实验目的与要求

本章将学习时间序列预测模型及其在商务决策中的应用，通过本章的学习与实验操作，旨在达到以下目的与要求：

（1）掌握简单移动平均法和指数平滑模型等的计算方法；

（2）掌握预测精度的计算方法，及其规划求解方法；

（3）学习利用 Excel 工具求解时间序列模型的方法与操作步骤；

（4）培养基于时间序列预测模型进行商务决策分析的能力。

6.2 实验准备

Microsoft Excel 2007 或其他版本。

Microsoft Office Excel 分析工具库。

6.3 实验基础

时间序列又称为动态数列，是将各个不同时间的社会经济统计指标，按时间先后顺序排列而形成的数列。在时间序列中，其通常包含两个基本要素，分别为统计时间和在该统计时间内的具体指标值。对于统计时间而言，其时间间隔可以相等也可以不等，可以选择是一天、一季度或一年等。而对于统计指标而言，则可以进一步划分为：

①总量指标，即反映社会现象、经济现象等达到的绝对水平的指标，可细分为时点指标（指标取统计时间点的瞬时值，如某电商公司产品的瞬时库存额）和时期指标（取统计相邻时间点期间的累积值，如某电商平台月度销售额）；

②相对指标，是通过两个有联系的统计指标相比而得到的，数值表现为相对数，如资金利润率，即反映利润总额对资金占用额的比率；

③平均指标，反映在某一空间或时间上社会经济现象指标的平均数状况，如人均 GDP。

与总量指标、相对指标和平均指标相对应的时间序列，分别称为总量指标时间序列、相对指标时间序列和平均指标时间序列。

通常情况下，时间序列会受随机扰动因素影响而没有特定的趋势呈现。而在一些社会经济现象中，除随机扰动因素外，还受特定因素影响而呈现出随时间持续增长（或负增长）的趋势成分，即有趋势变化的时间序列。有趋势变化的时间序列可以是线性趋势，也可以是非线性（如二次曲线）趋势，在进行时间序列预测的方法中，需要根据实际情况进行选择。

6.3.1 移动平均法

6.3.1.1 简单移动平均法

移动平均法（Moving Average）也称平滑法，是一种基本的时间序列预测方法，其基本思想是从时间数列的第一项开始，按照一定的项数求时序平均数，并在逐项移动的过程中边移动边求平均，即根据时间序列逐项推移计算包含一定项数的序时平均值，以反映预测对象发展趋势的方法。当时间序列的观察值受随机波动或周期变动的影响，表现出较大起伏而不易呈现出时序发展趋势时，使用移动平均法可以消除这些因素的影响，显示出事件的大体上的发展方向与趋势，并根据趋势线预测时间序列的未来趋势。

设有一时间序列 y_1，y_2，$\cdots$，y_t，其中 y_t 为第 t 期的观测值，n 为移动平均的项数，M_t 为第 t 期的一次移动平均数，则改时间序列的 n 项平均数序列可表示为：

$$M_t = \frac{y_t + y_{t-1} + \cdots + y_{t-n+1}}{n}$$

$$= M_{t-1} + \frac{y_t - y_{t-n}}{n} \quad (t > n)$$

显然，n 值越大，损失掉的项数($n-1$)也越大，但移动平滑的效果会更好。因此，为了在数据充分性与消除波动程度进行权衡，一般为有效抑制循环变化，取 n 与循环波动周期相一致。此外，从移动平均公式中还可以发现，当时期数向前移动一个时期(即增加 1 个时期)，在公式运算中表现为新增一个近期数据，并舍弃一个远期数据，从而得到一个新的移动平均值。

根据移动平均公式，可以对时间序列进行预测，即以第 t 时期的一次移动平均数作为第 $t + 1$ 时期的时间序列预测值，其公式可表示为：

$$\hat{y}_{t+1} = M_t$$

6.3.1.2　加权移动平均法

由于简单移动平均法在计算移动平均值时，新、旧数据被同等对待，即赋予了相同的权重（$1/n$），导致简单移动平均法对新数据变化的反应相对较慢，导致不能较好地反应实际状况。考虑到实际应用中，往往希望给予不同时期的数据以不同的权重来更好地反应实际变化情况，对简单移动平均法提出了改进需求。加权移动平均法是给不同观察期数据以不同的权数，然后按不同的权数求得移动平均值，并以最后的移动平均值为基础来确定预测值的一种方法。

设有一时间序列 y_1，y_2，$\cdots$，y_t，其中 y_t 为第 t 期的观测值，ω_t 则为第 t 期的观测值的权重，n 为移动平均的项数，M_t 为第 t 期的一次加权移动平均数，则改时间序列的 n 项平均数序列可表示为：

$$M_t = \frac{\omega_t y_t + \omega_{t-1} y_{t-1} + \cdots + \omega_{t-n+1} y_{t-n+1}}{\omega_t + \omega_{t-1} + \cdots + \omega_{t-n+1}} \quad (t > n)$$

同样，根据加权移动平均公式，可以对时间序列进行预测，即以第 t 时期的一次移动平均数作为第 $t+1$ 时期的时间序列预测值，其公式可表示为：

$$\hat{y}_{t+1} = M_t$$

6.3.1.3　趋势移动平均法

简单移动平均法所实现的一次移动平均能够针对时间序列没有明显的趋势变动时，准确地反映实际情况，即直接用第 t 期的一次移动平均值预测第 $t+1$ 期的值；而当时间序列出现线性变动趋势时，简单的一次移动平均预测会产生明显的滞后现象，有待给予修正。其修正的基本思想是在一次移动平均的基础上，对一次平均数再进行一次移动平均，即对实现序列实现二次移动平均，利用移动平均滞后偏差的规律找出时间序列的发展趋势，即趋势移动平均法。

假设时间序列 y_1，y_2，$\cdots$，y_t 具有线性趋势，且未来亦可能按此直线趋势变化，则可假设趋势预测模型为：

$$\hat{y}_{t+T} = a_t + b_t T \quad (T = 1，2，\cdots)$$

其中 t 为当前时期数，T 为由 t 时期数到预测期的时期间隔数，$\hat{y}_{t+T}$ 为根据

第 t 期值进行预测的第 $t+T$ 期的预测值，a_t 和 b_t 均为平滑系数，其中 a_t 为线性趋势的截距、b_t 为线性趋势的斜率。

根据简单移动平均法的计算公式，经过一次移动平均后的数值为：

$$M_t^{(1)} = \frac{y_t + y_{t-1} + \cdots + y_{t-n+1}}{n} \quad (t > n)$$

则二次移动平均的计算公式为：

$$M_t^{(2)} = \frac{M_t^{(1)} + M_{t-1}^{(1)} + \cdots + M_{t-n+1}^{(1)}}{n} = M_{t-1}^{(2)} + \frac{M_t^{(1)} - M_{t-n}^{(1)}}{n} \quad (t > n)$$

而线性趋势的截距 a_t 和斜率 b_t 的计算公式为：

$$a_t = 2M_t^{(1)} - M_t^{(2)}$$

$$b_t = \frac{2}{n-1}(M_t^{(1)} - M_t^{(2)})$$

根据公式求得截距 a_t 和斜率 b_t 即可结合趋势预测模型进行预测。若 $T=1$，即为一步预测；若 $T=2$，即为二步预测，以此类推。预测时，由于预测步长越长，误差越大，因而通常进行一步预测。

6.3.2 指数平滑法

6.3.2.1 简单指数平滑法

指数平滑法是用过去时间序列值的加权平均数作为预测值，是加权移动平均法的一种特殊形式。其赋予新数据以更高的权重，旧数据以更低的权重，按时间由近及远选取几何级数 $\alpha_{t-i} = \alpha(1-\alpha)^i (i = 0, 1, 2, \cdots)$，则指数平滑计算公式为：

$$
\begin{aligned}
S_t &= \alpha y_t + \alpha(1-\alpha)y_{t-1} + \alpha(1-\alpha)^2 y_{t-2} + \alpha(1-\alpha)^3 y_{t-3} + \cdots \\
&= \alpha y_t + (1-\alpha)\left[\alpha y_{t-1} + \alpha(1-\alpha)y_{t-2} + \alpha(1-\alpha)^2 y_{t-3} + \cdots\right] \\
&= \alpha y_t + (1-\alpha)S_{t-1} \quad (t = 2, 3, 4, \cdots)
\end{aligned}
$$

其中，S_t 为第 t 期的指数平滑值，y_t 为第 t 期的时间序列实际值，$\alpha(0 \leqslant \alpha \leqslant 1)$ 为平滑系数，初始值通常取第一期的实际值，即 $S_1 = y_1$。由此，可以利用第 t 期的指数平滑值对第 $t+1$ 期的时间序列值进行指数平滑预测，即：

$$\hat{y}_{t+1} = S_t$$

在进行指数平滑预测的时候，α 的取值会影响预测误差的大小（预测精度），通过对指数平滑公式进行变形：

$$
\begin{aligned}
\hat{y}_{t+1} &= \alpha y_t + (1-\alpha)S_{t-1} \\
&= \alpha y_t + (1-\alpha)\hat{y}_t
\end{aligned}
$$

$$= \hat{y}_t + \alpha(y_t - \hat{y}_t)$$

由此可见，第 $t+1$ 期预测值实际上等于第 t 期预测值加上一个调整值，即平滑系数 (α) 与最近的预测误差 ($y_t - \hat{y}_t$) 的乘积。因而，为了不过分反映和太快调整随机波动产生的误差，如果时间序列有较大的随机波动时，应选择较小的平滑系数；而对于随机波动较小的时间序列，则可以选择较大的平滑系数，即在出现预测误差又允许预测迅速反映时，可以对预测结果进行快速调整。

6.3.2.2 趋势指数平滑法

与简单移动平均法类似，当时间序列出现趋势变动时，简单的一次指数平滑预测需要进行修正。其修正的基本思想是在一次指数平滑的基础上，再进行一次或二次指数平滑，即对实现序列实现二次指数平滑或者三次指数平滑，即趋势指数平滑法。其中二次指数平滑法适用于时间序列出现线性变动的情况，而三次指数平滑法则适用于时间序列出现二次曲线变动的情况。具体而言，趋势指数平滑法可细分为：

①单参数二次指数平滑法。又称为布朗二次指数平滑法。与趋势移动平均法类似，假设时间序列 y_1，y_2，$\cdots$，y_t 具有线性趋势，且未来亦可能按此直线趋势变化，则可假设趋势预测模型为：

$$\hat{y}_{t+T} = a_t + b_t T \quad (T = 1, 2, \cdots)$$

其中 t 为当前时期数，T 为由 t 时期数到预测期的时期间隔数，$\hat{y}_{t+T}$ 为根据第 t 期值进行预测的第 $t+T$ 期的预测值，a_t 和 b_t 均为平滑系数，其中 a_t 为线性趋势的截距、b_t 为线性趋势的斜率。

假设指数平滑系数为 $\alpha(0 \leqslant \alpha \leqslant 1)$，根据指数平滑法的计算公式，经过一次指数平滑后的数值为：

$$S_t^{(1)} = \alpha y_t + (1 - \alpha) S_{t-1}^{(1)}$$

其中，初始值为 $S_1^{(1)} = y_1$。对一次指数平滑值再做二次指数平滑处理，其计算公式为：

$$S_t^{(2)} = \alpha S_t^{(1)} + (1 - \alpha) S_{t-1}^{(2)}$$

其中，初始值为 $S_1^{(2)} = S_1^{(1)} = y_1$。显然，两次指数平滑系数保持一致，均为 α，所以称为单参数二次指数平滑法。而线性趋势的截距 a_t 和斜率 b_t 的计算公式为：

$$a_t = 2S_t^{(1)} - S_t^{(2)}$$

$$b_t = \frac{\alpha}{1 - \alpha}(S_t^{(1)} - S_t^{(2)})$$

根据公式求得截距 a_t 和斜率 b_t 即可结合趋势预测模型进行预测。

② 双参数二次指数平滑法。又称为霍尔特指数平滑法。其同样假设时间序列 y_1，y_2，…，y_t 具有线性趋势，且未来亦可能按此直线趋势变化。

然而，其在进行二次指数平滑时，两次指数平滑系数选择不同，即分别为 $\alpha(0 \leqslant \alpha \leqslant 1)$ 和 $\beta(0 \leqslant \beta \leqslant 1)$，且相互独立，故称为双参数二次指数平滑法。其基本公式为：

$$S_t = \alpha y_t + (1 - \alpha)(S_{t-1}^{(1)} - b_{t-1})$$
$$b_t = \beta(S_t - S_{t-1}) + (1 - \beta)b_{t-1}$$

其预测公式为：$\hat{y}_{t+T} = S_t + b_t T \quad (T = 1, 2, \cdots)$

其中，t 为当前时期数，T 为由 t 时期数到预测期的时期间隔数，$\hat{y}_{t+T}$ 为根据第 t 期值进行预测的第 $t+T$ 期的预测值。而初值 S_1 和 b_1 的确定方法为，S_1 用第一期初始值代替，而 b_1 则用原时间序列中的前 m 期数据的平均增长量代替，即可用公式表示为：

$$S_1 = y_1, \quad b_1 = \frac{x_m - x_1}{m - 1}$$

根据公式求得 S_t 和 b_t，即可结合趋势预测模型进行预测。

③ 三次指数平滑法。其假设时间序列 y_1，y_2，…，y_t 具有二次曲线趋势，即在二次指数平滑的基础上再做一次指数平滑，以进行预测。

三次指数平滑法的基本公式为：

$$S_t^{(3)} = \alpha S_t^{(2)} + (1 - \alpha)S_{t-1}^{(3)}$$

其中，平滑参数 $\alpha(0 \leqslant \alpha \leqslant 1)$ 和 $S_1^{(1)}$，$S_1^{(2)}$，$S_1^{(3)}$ 的确定方法与一次指数平滑法相同。其预测公式为：

$$\hat{y}_{t+m} = a_t + b_t T + c_t T^2 \quad (T = 1, 2, \cdots)$$

其参数的计算公式为：

$$a_t = 3S_t^{(1)} - 3S_t^{(2)} + S_t^{(3)}$$

$$b_t = \frac{\alpha}{2(1 - \alpha)^2}[(6 - 5\alpha)S_t^{(1)} - 2(5 - 4\alpha)S_t^{(2)} + (4 - 3\alpha)S_t^{(3)}]$$

$$c_t = \frac{\alpha^2}{2(1 - \alpha)^2}[S_t^{(1)} - 2S_t^{(2)} + S_t^{(3)}]$$

6.3.3　预测精度

无论是利用移动平均法还是指数平滑法，又或是其他预测方法，预测值和实际值之间的差异程度都是人们最为关注的。预测精度就是指预测模型拟合的好坏程度，即由预测模型所产生的模拟值与历史实际值拟合程度的优劣。预测精度是衡量预测方法是否适用于预测对象的重要标准。

通常情况下，预测精度的衡量方法主要包括以下四种：

6.3.3.1　平均绝对误差（Mean Absolute Deviation，MAD）

$$MAD = \frac{\sum_{i=1}^{n}|e_i|}{n}$$

而在简单指数平滑中，由于对不同时期数据进行了加权处理，因而，平均绝对误差公式变为：$MAD_t = a|e_t| + (1-a)MAD_{t-1}$。

6.3.3.2　预测均方误差（Mean Square Error，MSE）

$$MSE = \frac{\sum_{i=1}^{n}e_i^2}{n} = \frac{\sum_{i=1}^{n}(y_i - \hat{y}_i)^2}{n}$$

6.3.3.3　预测误差标准差（Standard Error，SE）

$$SE = \sqrt{\frac{\sum_{i=1}^{n}e_i^2}{n}} = \sqrt{\frac{\sum_{i=1}^{n}(y_i - \hat{y}_i)^2}{n}}$$

6.3.3.4　平均相对误差绝对值（Mean Absolute Percentage Error，MAPE）

$$MAPE = \frac{\sum_{i=1}^{n}\left|\frac{y_i - \hat{y}_i}{y_i}\right|}{n}$$

6.4　实　验　项　目

6.4.1　移动平均法实验

假设某彩电品牌线下卖场近 12 年每年的销售量如表 6-1 所示，试对 2015

年的销售量利用三项移动平均法进行预测。

表 6-1 某彩电品牌线下卖场销售量

年份	销售量（万件）	年份	销售量（万件）
2003	541	2009	684
2004	821	2010	1095
2005	608	2011	930
2006	985	2012	1037
2007	602	2013	819
2008	760	2014	1203

6.4.1.1 数据的录入

根据该彩电品牌线下卖场的基本销售情况，在 Excel 表格中录入相关信息，如图 6-1 所示。

图 6-1 彩电线下卖场销售量录入

6.4.1.2 计算三项移动平均值

由于是计算三项移动平均值，即取每年中近三年销售额作为当年的三项移动平均值，即在 C6 中填写公式"=SUM（B4：B6）／＄B＄2"，将鼠标移至单元格 C6 右下方，待出现黑色"+"时，向下拖动至单元格 C15，得到各周的移动平均值，如图 6-2 所示。2015 年销售量预测值即为 2014 年对应的三项移动平均值，即 1019.67 万件。

▲	A	B	C
1	某彩电品牌线下卖场销售量		
2	移动平均项数	3	
3	年份	销售量（万件）	移动平均值
4	2003	541	
5	2004	821	
6	2005	608	656.67
7	2006	985	804.67
8	2007	602	731.67
9	2008	760	782.33
10	2009	684	682.00
11	2010	1095	846.33
12	2011	930	903.00
13	2012	1037	1020.67
14	2013	819	928.67
15	2014	1203	1019.67

图 6-2　彩电线下卖场销售量三项移动平均值计算

6.4.2　有趋势变化的移动平均法实验

假设某移动 APP 应用 2014 年 12 个月的用户平均在线时长如表 6-2 所示，试对 2015 年的平均在线时长的三项移动平均法进行预测。

表 6-2　　　　　　　移动 APP 用户平均在线时长

时间（月）	在线时长（分钟）	时间（月）	在线时长（分钟）
1	3.4	7	10.2
2	4.5	8	11.7
3	5.9	9	13.2
4	7.0	10	14.2
5	8.1	11	15.5
6	9.3	12	16.6

6.4.2.1　数据的录入

根据该移动 APP 应用 2014 年用户平均在线时长情况，在 Excel 表格中录入相关信息，如图 6-3 所示。

	A	B	C	D	E	F
1	某移动APP用户平均在线时长					
2	移动平均项数	3				
3	时间（月）	在线时长（分钟）	$M_t^{(1)}$	$M_t^{(2)}$	a_t	b_t
4	1	3.40				
5	2	4.50				
6	3	5.90				
7	4	7.00				
8	5	8.10				
9	6	9.30				
10	7	10.20				
11	8	11.70				
12	9	13.20				
13	10	14.20				
14	11	15.50				
15	12	16.60				

图 6-3　移动 APP 用户平均在线时长录入

6.4.2.2　计算三项一次移动平均值

由于是计算三项移动平均值，即取每月中近 3 月用户平均在线时长作为当月的三项移动平均值，即在 C6 中填写公式"=SUM（B4：B6）／$B$2"，将鼠标移至单元格 C6 右下方，待出现黑色"+"时，向下拖动至单元格 C15，得到各月的一次移动平均值，如图 6-4 所示。

	A	B	C	D	E	F
1	某移动APP用户平均在线时长					
2	移动平均项数	3				
3	时间（月）	在线时长（分钟）	$M_t^{(1)}$	$M_t^{(2)}$	a_t	b_t
4	1	3.40				
5	2	4.50				
6	3	5.90	4.60			
7	4	7.00	5.80			
8	5	8.10	7.00			
9	6	9.30	8.13			
10	7	10.20	9.20			
11	8	11.70	10.40			
12	9	13.20	11.70			
13	10	14.20	13.03			
14	11	15.50	14.30			
15	12	16.60	15.43			

图 6-4　移动 APP 用户平均在线时长三项一次移动平均值计算

6.4.2.3 计算三项二次移动平均值

由于是计算三项二次移动平均值，即取每月中近 3 月用户平均在线时长一次移动平均值作为当月的二次移动平均值，即在 D8 中填写公式"＝SUM（C6：C8）／＄B＄2"，将鼠标移至单元格 D8 右下方，待出现黑色"＋"时，向下拖动至单元格 D15，得到各月的二次移动平均值，如图 6-5 所示。

	A	B	C	D	E	F
1	某移动APP用户平均在线时长					
2	移动平均项数	3				
3	时间（月）	在线时长（分钟）	$M_t^{(1)}$	$M_t^{(2)}$	a_t	b_t
4	1	3.40				
5	2	4.50				
6	3	5.90	4.60			
7	4	7.00	5.80			
8	5	8.10	7.00	5.80		
9	6	9.30	8.13	6.98		
10	7	10.20	9.20	8.11		
11	8	11.70	10.40	9.24		
12	9	13.20	11.70	10.43		
13	10	14.20	13.03	11.71		
14	11	15.50	14.30	13.01		
15	12	16.60	15.43	14.26		

图 6-5 移动 APP 用户平均在线时长三项二次移动平均值计算

6.4.2.4 计算预测结果

根据趋势变化移动平均公式，$a_t = 2M_t^{(1)} - M_t^{(2)}$，$b_t = \dfrac{2}{n-1}(M_t^{(1)} - M_t^{(2)})$。因此，在单元格 E8 中填写公式"＝2＊C8-D8"，将鼠标移至单元格 E8 右下方，待出现黑色"＋"时，向下拖动至单元格 E15；在 F8 中填写公式"＝2/（3-1）＊（C2-D2）"，将鼠标移至单元格 F8 右下方，待出现黑色"＋"时，向下拖动至单元格 F15，如图 6-6 所示。

由于预测公式为 $\hat{y}_{t+T} = a_t + b_t T$，由此可预测，2015 年 1 月移动 APP 用户平均在线时长为 $\hat{y}_{12+1} = a_{12} + b_{12} \times 1 = 16.61 + 1.18 = 17.79$（分钟），同理可得 2015 年 2 月移动 APP 用户平均在线时长为 $\hat{y}_{12+2} = a_{12} + b_{12} \times 2 = 16.61 + 1.18 \times 2 = 18.97$（分钟）。

6.4.3 简单指数平滑法实验

假设某电子商务公司自建有网上商城，该网上商城近 10 周的销售额如表

	A	B	C	D	E	F
1	某移动APP用户平均在线时长					
2	移动平均项数	3				
3	时间（月）	在线时长（分钟）	$M_t^{(1)}$	$M_t^{(2)}$	a_t	b_t
4	1	3.40				
5	2	4.50				
6	3	5.90	4.60			
7	4	7.00	5.80			
8	5	8.10	7.00	5.80	8.20	1.20
9	6	9.30	8.13	6.98	9.29	1.16
10	7	10.20	9.20	8.11	10.29	1.09
11	8	11.70	10.40	9.24	11.56	1.16
12	9	13.20	11.70	10.43	12.97	1.27
13	10	14.20	13.03	11.71	14.36	1.32
14	11	15.50	14.30	13.01	15.59	1.29
15	12	16.60	15.43	14.26	16.61	1.18

图 6-6　移动 APP2014 年用户平均在线时长移动平均参数估计值

6-3 所示，试对未来一周的销售额利用简单指数平滑法进行预测。

表 6-3 电子商务网上商城销售额

时间（周）	销售额（万元）	时间（周）	销售额（万元）
1	321.21	6	360.05
2	309.41	7	349.64
3	283.72	8	298.21
4	301.36	9	315.53
5	297.52	10	307.92

6.4.3.1　数据的录入

根据该电子商务公司网上商城的基本销售情况，在 Excel 表格中录入相关信息，如图 6-7 所示。

6.4.3.2　计算指数平滑值

方法一：假设平滑系数 α 为 0.7，在 C5 中填写公式"=B4"，在 C6 中填写公式"=B5 * ＄B＄2+（1-＄B＄2）* C5"，将鼠标移至单元格 C6 右下方，待出现黑色"+"时，向下拖动至单元格 C14，得到各周的指数平滑值，

	A	B	C	D	E	F	G
1	某电子商务公司网上商城销售额						
2	α	0.7					
3	时间（周）	销售额（万元）	指数平滑值	误差	绝对误差	平方误差	相对误差绝对值
4	1	321.21					
5	2	309.41					
6	3	283.72					
7	4	301.36					
8	5	297.52					
9	6	360.05					
10	7	349.64					
11	8	298.21					
12	9	315.53					
13	10	307.92					
14	11						

图 6-7　电子商务网上商城销售额录入

如图 6-8 所示。

	A	B	C	D	E	F	G
1	某电子商务公司网上商城销售额						
2	α	0.7					
3	时间（周）	销售额（万元）	指数平滑值	误差	绝对误差	平方误差	相对误差绝对值
4	1	321.21					
5	2	309.41	321.21				
6	3	283.72	312.95				
7	4	301.36	292.49				
8	5	297.52	298.70				
9	6	360.05	297.87				
10	7	349.64	341.40				
11	8	298.21	347.17				
12	9	315.53	312.90				
13	10	307.92	314.74				
14	11		309.97				

图 6-8　电子商务网上商城销售额指数平滑值计算

　　方法二：利用 Excel 的数据分析中的指数平滑工具进行计算，如图 6-9 所示。在输入区域中填写"＄B＄4：＄B＄13"，输出区域填写"＄C＄4"。由于阻尼系数＝1−平滑系数，因此，本例中阻尼系数填写 0.3，如图 6-10 所示。点击确定得到输出结果如图 6-11 所示，第 11 周的预测值，可以将鼠标移至单元格 C13 右下方，待出现黑色"＋"时，向下拖动至单元格 C14，即得到第 11 周的预测销售额为 309.97 万元。

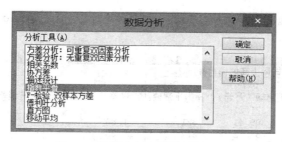

图 6-9　数据分析库指数平滑选项

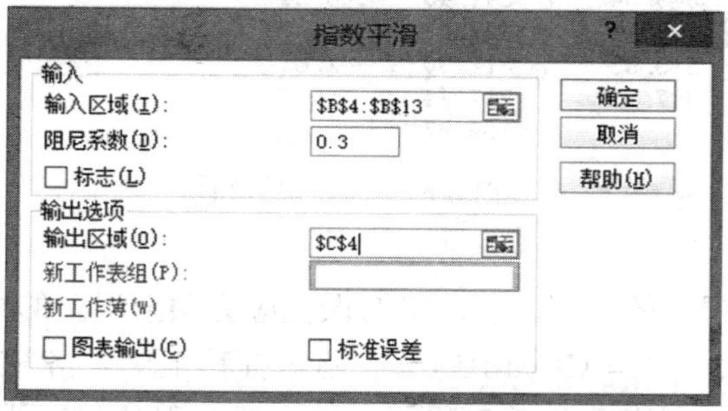

图 6-10　指数平滑选项设置

	A	B	C	D	E	F	G
1	某电子商务公司网上商城销售额						
2	α	0.7					
3	时间（周）	销售额（万元）	指数平滑值	误差	绝对误差	平方误差	相对误差绝对值
4	1	321.21	#N/A				
5	2	309.41	321.21				
6	3	283.72	312.95				
7	4	301.36	292.489				
8	5	297.52	298.6987				
9	6	360.05	297.87361				
10	7	349.64	341.397083				
11	8	298.21	347.1671249				
12	9	315.53	312.8971375				
13	10	307.92	314.7401412				
14	11						

图 6-11　指数平滑计算结果

6.4.3.3　计算指数平滑误差

①预测误差的计算。预测误差应为实际销售额减去预测销售额，所以在单元格 D5 中填写公式"=B5-C5"，将鼠标移至单元格 D5 右下方，待出现黑色

"+"时，向下拖动至单元格 D13，得到各周的误差值，如图 6-12 所示。

	A	B	C	D	E	F	G
1	某电子商务公司网上商城销售额						
2	α	0.7					
3	时间（周）	销售额（万元）	指数平滑值	误差	绝对误差	平方误差	相对误差绝对值
4	1	321.21					
5	2	309.41	321.21	-11.80			
6	3	283.72	312.95	-29.23			
7	4	301.36	292.49	8.87			
8	5	297.52	298.70	-1.18			
9	6	360.05	297.87	62.18			
10	7	349.64	341.40	8.24			
11	8	298.21	347.17	-48.96			
12	9	315.53	312.90	2.63			
13	10	307.92	314.74	-6.82			
14	11		309.97				

图 6-12　电子商务网上商城销售额预测误差计算

②预测绝对误差的计算。预测绝对误差应为预测误差的绝对值，所以在单元格 E5 中填写公式"=ABS（D5）"，将鼠标移至单元格 E5 右下方，待出现黑色"+"时，向下拖动至单元格 E13，得到各周的绝对误差值，如图 6-13 所示。

	A	B	C	D	E	F	G
1	某电子商务公司网上商城销售额						
2	α	0.7					
3	时间（周）	销售额（万元）	指数平滑值	误差	绝对误差	平方误差	相对误差绝对值
4	1	321.21					
5	2	309.41	321.21	-11.80	11.80		
6	3	283.72	312.95	-29.23	29.23		
7	4	301.36	292.49	8.87	8.87		
8	5	297.52	298.70	-1.18	1.18		
9	6	360.05	297.87	62.18	62.18		
10	7	349.64	341.40	8.24	8.24		
11	8	298.21	347.17	-48.96	48.96		
12	9	315.53	312.90	2.63	2.63		
13	10	307.92	314.74	-6.82	6.82		
14	11		309.97				

图 6-13　电子商务网上商城销售额绝对误差计算

③预测平方误差的计算。预测平方误差应为预测误差的平方，所以在单元格 F5 中填写公式"=POWER（D5，2）"，将鼠标移至单元格 F5 右下方，待出现黑色"+"时，向下拖动至单元格 F13，得到各周的平方误差值，如图

6-14所示。

	A	B	C	D	E	F	G
1	某电子商务公司网上商城销售额						
2	α	0.7					
3	时间（周）	销售额（万元）	指数平滑值	误差	绝对误差	平方误差	相对误差绝对值
4	1	321.21					
5	2	309.41	321.21	-11.80	11.80	139.24	
6	3	283.72	312.95	-29.23	29.23	854.39	
7	4	301.36	292.49	8.87	8.87	78.69	
8	5	297.52	298.70	-1.18	1.18	1.39	
9	6	360.05	297.87	62.18	62.18	3865.90	
10	7	349.64	341.40	8.24	8.24	67.95	
11	8	298.21	347.17	-48.96	48.96	2396.80	
12	9	315.53	312.90	2.63	2.63	6.93	
13	10	307.92	314.74	-6.82	6.82	46.51	
14	11		309.97				

图 6-14 电子商务网上商城销售额平方误差计算

④预测相对误差绝对值的计算。预测相对误差绝对值应为预测绝对误差与实际值的比值，所以在单元格 G5 中填写公式"=E5/B5"，将鼠标移至单元格 G5 右下方，待出现黑色"+"时，向下拖动至单元格 G13，得到各周的平方误差值，如图 6-15 所示。

	A	B	C	D	E	F	G
1	某电子商务公司网上商城销售额						
2	α	0.7					
3	时间（周）	销售额（万元）	指数平滑值	误差	绝对误差	平方误差	相对误差绝对值
4	1	321.21					
5	2	309.41	321.21	-11.80	11.80	139.24	3.81%
6	3	283.72	312.95	-29.23	29.23	854.39	10.30%
7	4	301.36	292.49	8.87	8.87	78.69	2.94%
8	5	297.52	298.70	-1.18	1.18	1.39	0.40%
9	6	360.05	297.87	62.18	62.18	3865.90	17.27%
10	7	349.64	341.40	8.24	8.24	67.95	2.36%
11	8	298.21	347.17	-48.96	48.96	2396.80	16.42%
12	9	315.53	312.90	2.63	2.63	6.93	0.83%
13	10	307.92	314.74	-6.82	6.82	46.51	2.21%
14	11		309.97				

图 6-15 电子商务网上商城销售额相对误差绝对值计算

⑤预测精度计算。平均绝对误差（MAD）的计算在单元格 C16 中填写公式"=SUM（E5：E13）/9"；均方误差（MSE）的计算在单元格 C17 中填写公式"=SUM（F5：F13）/9"；标准误差（SE）的计算在单元格 C18 中填写

公式"=POWER（C17，0.5）"；平均相对误差绝对值（MAPE）的计算在单元格 C19 中填写公式"=SUM（G5：G13）/9"，各预测精度指标计算结果如图 6-16 所示。

	A	B	C	D	E	F	G
1	某电子商务公司网上商城销售额						
2	α	0.7					
3	时间（周）	销售额（万元）	指数平滑值	误差	绝对误差	平方误差	相对误差绝对值
4	1	321.21					
5	2	309.41	321.21	-11.80	11.80	139.24	3.81%
6	3	283.72	312.95	-29.23	29.23	854.39	10.30%
7	4	301.36	292.49	8.87	8.87	78.69	2.94%
8	5	297.52	298.70	-1.18	1.18	1.39	0.40%
9	6	360.05	297.87	62.18	62.18	3865.90	17.27%
10	7	349.64	341.40	8.24	8.24	67.95	2.36%
11	8	298.21	347.17	-48.96	48.96	2396.80	16.42%
12	9	315.53	312.90	2.63	2.63	6.93	0.83%
13	10	307.92	314.74	-6.82	6.82	46.51	2.21%
14	11		309.97				
15							
16	平均绝对误差(MAD)		19.99				
17	均方误差(MSE)		828.65				
18	标准误差(SE)		28.79				
19	平均相对误差绝对值(MAPE)		6.28%				

图 6-16 电子商务网上商城销售额预测精度指标计算

6.4.4 有趋势变化的指数平滑法实验

假设 2014 年手机游戏的人均付费金额如表 6-4 所示，试预测 2015 年的人均付费金额。

表 6-4   手机游戏 2014 年人均消费金额

时间（月）	人均付费（元）	时间（月）	人均付费（元）
1	13.54	7	15.12
2	14.29	8	15.30
3	13.85	9	15.87
4	14.18	10	15.64
5	14.74	11	16.26
6	14.65	12	16.39

6.4.4.1 数据的录入

根据该电子商务公司网上商城的基本销售情况，在 Excel 表格中录入相关信息，如图 6-17 所示。

	A	B	C	D	E	F
1	t	y_t	$S_t^{(1)}$	$S_t^{(2)}$	a_t	b_t
2	1	13.54				
3	2	14.29				
4	3	13.85				
5	4	14.18				
6	5	14.74				
7	6	14.65				
8	7	15.12				
9	8	15.3				
10	9	15.87				
11	10	15.64				
12	11	16.26				
13	12	16.39				

图 6-17　手机游戏 2014 年人均消费金额数据录入

6.4.4.2 计算一次指数平滑值

使用单参数法，假设平滑系数 α 为 0.3。根据布朗二次指数平滑法公式，一次指数平滑 $S_1^{(1)} = \alpha y_t + (1 - \alpha) S_{t-1}^{(1)}$，初始值为 $S_1^{(1)} = y_1$。因此，在单元格 C2 中填写公式 "=B2"，在 C3 中填写公式 "=0.3*B3+（1−0.3）*C2"，将鼠标移至单元格 C3 右下方，待出现黑色 "+" 时，向下拖动至单元格 C13，得到各月的指数平滑值，如图 6-18 所示。

	A	B	C	D	E	F
1	t	y_t	$S_t^{(1)}$	$S_t^{(2)}$	a_t	b_t
2	1	13.54	13.54			
3	2	14.29	13.77			
4	3	13.85	13.79			
5	4	14.18	13.91			
6	5	14.74	14.16			
7	6	14.65	14.31			
8	7	15.12	14.55			
9	8	15.3	14.77			
10	9	15.87	15.10			
11	10	15.64	15.26			
12	11	16.26	15.56			
13	12	16.39	15.81			

图 6-18　手机游戏 2014 年人均消费金额一次指数平滑值

6.4.4.3　计算二次指数平滑值

根据布朗二次指数平滑法公式，二次指数平滑 $S_t^{(2)} = \alpha S_t^{(1)} + (1 - \alpha) S_{t-1}^{(2)}$，初始值为 $S_1^{(2)} = S_1^{(1)} = y_1$。因此，在单元格 D2 中填写公式"=B2"，在 D3 中填写公式"=0.3*C3+（1-0.3）*D2"，将鼠标移至单元格 D3 右下方，待出现黑色"+"时，向下拖动至单元格 D13，得到各月的指数平滑值，如图 6-19 所示。

	A	B	C	D	E	F
1	t	y_t	$S_t^{(1)}$	$S_t^{(2)}$	a_t	b_t
2	1	13.54	13.54	13.54		
3	2	14.29	13.77	13.61		
4	3	13.85	13.79	13.66		
5	4	14.18	13.91	13.74		
6	5	14.74	14.16	13.86		
7	6	14.65	14.31	14.00		
8	7	15.12	14.55	14.16		
9	8	15.3	14.77	14.35		
10	9	15.87	15.10	14.57		
11	10	15.64	15.26	14.78		
12	11	16.26	15.56	15.02		
13	12	16.39	15.81	15.25		

图 6-19　手机游戏 2014 年人均消费金额二次指数平滑值

6.4.4.4　计算预测结果

根据布朗二次指数平滑法公式，$a_t = 2S_t^{(1)} - S_t^{(2)}$，$b_t = \dfrac{\alpha}{1 - \alpha}(S_t^{(1)} - S_t^{(2)})$。

因此，在单元格 E2 中填写公式"=2*C2-D2"，将鼠标移至单元格 E2 右下方，待出现黑色"+"时，向下拖动至单元格 E13；在 F2 中填写公式"=0.3/（1-0.3）*（C2-D2）"，将鼠标移至单元格 F2 右下方，待出现黑色"+"时，向下拖动至单元格 F13，如图 6-20 所示。

由于预测公式为 $\hat{y}_{t+T} = a_t + b_t T$，由此可预测 2015 年 1 月的手机游戏人均消费金额为 $\hat{y}_{12+1} = a_{12} + b_{12} \times 1 = 16.37 + 0.24 = 16.61$（元），同理可得 2015 年 2 月的手机游戏人均消费金额为 $\hat{y}_{12+2} = a_{12} + b_{12} \times 2 = 16.37 + 0.24 \times 2 = 16.85$（元）。

6.4.4.5　使用双参数指数平滑法进行预测

假设平滑参数为 $\alpha = 0.1$，$\beta = 0.01$，初值为 $S_1 = y_1$。而 b_1 则取前四期数据

	A	B	C	D	E	F
1	t	y_t	$S_t^{(1)}$	$S_t^{(2)}$	a_t	b_t
2	1	13.54	13.54	13.54	13.54	0.00
3	2	14.29	13.77	13.61	13.92	0.07
4	3	13.85	13.79	13.66	13.92	0.05
5	4	14.18	13.91	13.74	14.08	0.07
6	5	14.74	14.16	13.86	14.45	0.13
7	6	14.65	14.31	14.00	14.61	0.13
8	7	15.12	14.55	14.16	14.94	0.17
9	8	15.3	14.77	14.35	15.20	0.18
10	9	15.87	15.10	14.57	15.63	0.23
11	10	15.64	15.26	14.78	15.75	0.21
12	11	16.26	15.56	15.02	16.11	0.23
13	12	16.39	15.81	15.25	16.37	0.24

图 6-20　手机游戏 2014 年人均消费金额指数平滑参数估计值

的平均增长量，即 $b_1 = (13.94 - 13.54)/4 = 0.1$。根据霍尔特指数平滑法的计算公式 $S_t = \alpha y_t + (1 - \alpha)(S_{t-1} + b_{t-1})$，$b_t = \beta(S_t - S_{t-1})y_t + (1 - \beta)b_{t-1}$。在 C2 中填写公式"$=0.1*B3+(1-0.1)*(C2+D2)$"，在 D2 中填写公式"$=0.1*B3+(1-0.1)*(C2+D2)$"，同时选择单元格 C2 和 D2，将鼠标移至单元格 D2 右下方，待出现黑色"+"时，向下拖动至单元格 D13，得到各月的指数平滑值和参数值，如图 6-21 所示。

	A	B	C	D
1	t	y_t	S_t	b_t
2	1	13.54	13.54	0.1000
3	2	14.29	13.71	0.1007
4	3	13.85	13.81	0.1007
5	4	14.18	13.94	0.1010
6	5	14.74	14.11	0.1017
7	6	14.65	14.25	0.1021
8	7	15.12	14.43	0.1029
9	8	15.3	14.61	0.1036
10	9	15.87	14.83	0.1048
11	10	15.64	15.01	0.1055
12	11	16.26	15.23	0.1066
13	12	16.39	15.44	0.1077

图 6-21　手机游戏 2014 年人均消费金额双参数指数平滑参数估计值

107

由于预测公式为 $\hat{y}_{t+T} = S_t + b_t T$，由此可预测 2015 年 1 月的手机游戏人均消费金额为 $\hat{y}_{12+1} = S_{12} + b_{12} \times 1 = 15.44 + 0.11 = 15.55$（元），同理可得 2015 年 2 月的手机游戏人均消费金额为 $\hat{y}_{12+2} = S_{12} + b_{12} \times 2 = 15.44 + 0.22 = 15.66$（元）。

6.5　相　关　练　习

6.5.1　练习（1）

假设某品牌路由器近 3 年每年的销售量如表 6-5 所示，试对 2015 年上半年的销售量利用五项移动平均法进行预测。

表 6-5　　　　　　　　　　　　某品牌路由器销售量

时　　间	销售量（万台）
2011 年上半年	30
2011 年下半年	50
2012 年上半年	100
2012 年下半年	80
2013 年上半年	140
2013 年下半年	130
2014 年上半年	150
2014 年下半年	180

6.5.2　练习（2）

假设某品牌手机过去一年 12 个月的销量基本呈线性递增趋势，如表 6-6 所示，试对未来 1 个月的手机销量利用有趋势变化的三项移动平均法进行预测。

表 6-6   **品牌手机销售量**

时间（月）	销量（万部）	时间（月）	销量（万部）
1	10.0	7	22.4
2	12.2	8	24.7
3	14.1	9	26.8
4	16.3	10	28.8
5	18.3	11	31.1
6	20.6	12	33.2

6.5.3 练习（3）

假设某笔记本电脑厂商过去一年 12 个月的销售额如表 6-7 所示，试对未来两个月的笔记本销售额进行指数平滑预测。

表 6-7   **笔记本电脑厂商销售额**

时间（月）	销售额（万元）	时间（月）	销售额（万元）
1	303.2	7	407.2
2	382.5	8	462.6
3	512.3	9	582.3
4	420.9	10	553.5
5	289.1	11	572.3
6	312.7	12	591.4

（1）取初值为 300，试分别以 α 为 0.3，0.6，0.9 为平滑系数进行预测。
（2）取平滑系数 α 为 0.7，试分别以初值为 300，350，400 进行预测。
（3）试求绝对平均误差最小时的平滑系数。

6.5.4 练习（4）

假设某投资项目过去一年 12 个月的利润基本呈线性递增趋势，各月利润额如表 6-8 所示，试对未来两个月的利润额进行有趋势变化的指数平滑预测。

表 6-8 投资项目利润额

时间（月）	利润额（万元）	时间（月）	利润额（万元）
1	48.2	7	66.9
2	51.3	8	69.7
3	54.3	9	72.9
4	57.4	10	76.1
5	60.6	11	79.3
6	63.6	12	82.3

（1）取平滑系数 α 为 0.3，试进行布朗二次指数平滑预测。

（2）取平滑系数 α 为 0.1，β 为 0.03，试进行霍尔特指数平滑预测。

6.6　相关知识

函数 SUM：在 Excel 中输入公式"＝SUM（number1，number2，…）"，即可返回某一单元格区域中所有数字之和。其中，number1、number2 是要对其求和的 1 到 255 个参数。

函数 POWER：在 Excel 中输入公式"＝POWER（number，power）"，即可返回给定数字的乘幂。其中，number 为底数，可以是任意实数；power 为指数，是底数按该指数次幂乘方。

函数 ABS：在 Excel 中输入公式"＝ABS（number）"，即可返回数字的绝对值，绝对值没有符号。其中，number 是需要计算其绝对值的实数。

第7章 服务评价四分模型实验

7.1 实验目的与要求

本章将学习商务实践过程中基于服务的满意度评价及其对整体满意度的贡献程度对服务元素进行划分，从而辅助面向服务满意度和用户体验提升的商务决策，通过本章的学习与实验操作，旨在达到以下目的与要求：

（1）掌握服务评价四分模型法的基本思想；

（2）掌握服务元素四分模型所划分的四种服务特性；

（3）学习利用 SPSS 工具求解服务元素对满意度的贡献程度；

（4）学习基于服务评价四分模型进行对比分析的能力。

7.2 实 验 准 备

SPSS 20.0 或其他版本。

7.3 实 验 基 础

由于服务元素对满意度和不满意度的影响是非对称的，并且消极评价相对积极评价而言，会产生更加显著且持续性更久的影响。基于此，四分模型通过分类分析的评价方式划分具体服务指标，其依据各服务元素对满意度和不满意度的贡献值对服务进行可视化划分，实现了从具体服务元素的角度探讨它们各自对满意度的影响。四分模型使用户对不同服务元素的态度得以更清晰地展现

和比较，其服务划分的合理性和有效性也在金融、医疗、零售等多行业的应用中得以验证

7.3.1　四分模型

根据四分模型中各类服务元素对整体满意度的贡献程度差异，四分模型将服务元素划分为基础服务、附加服务、关键服务和次要服务，其特征可用图7-1 表示。

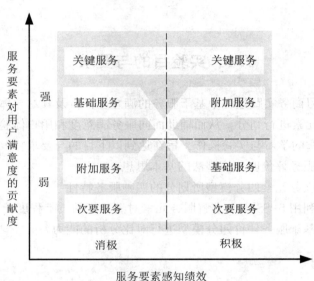

图 7-1　四分模型服务元素对整体满意度贡献程度的特征

（1）基础服务，即用户认为理应设计合理并且满足他们基本需要的服务。当这类服务元素评价为消极时，其对不满意度的贡献值高；而评价为积极时，其对满意度的贡献值低。反映在四分坐标图中，此类服务横坐标值较大而纵坐标值较小。

（2）附加服务，与基础服务相对，其非必备的常用服务，其突出表现却能为用户带来意外的惊喜。因而服务元素评价为积极时，其对满意度贡献值高，评价为消极时，其对不满意度的贡献值低。反映在四分坐标图中，此类服务横坐标值较小而纵坐标值较大。

（3）关键服务，对用户而言是非常看重的服务。不论服务元素评价情况

如何，对满意度和不满意度的贡献值均高。反映在四分坐标图中，此类服务横坐标和纵坐标值均较大。

（4）次要服务，与关键服务相对，对用户而言价值不大的服务。不论服务元素评价情况如何，对满意度和不满意度的贡献值均低。反映在四分坐标图中，此类服务横坐标和纵坐标值均较小。

7.3.2 四分模型服务划分方法

对四分模型的数据处理方法而言，首先要实现对服务感知评价结果的划分处理。从服务满意度提升角度出发，考虑到中性评价对于用户而言意味着其服务表现还未能达到令用户满意的程度，即服务有待改进；因而，四分模型将服务的感知评价分为消极评价和积极评价，并将中性评价归为消极评价之中。对于整体服务满意度而言，将所有服务评分的均值作为分割点，服务满意度的三个观察指标的平均数若大于分隔值，则视为满意，反之为不满意。对应分析将应用于由服务元素的二分评价（积极评价和消极评价）及整体满意度（满意和不满意）组成的交叉表上。每一个服务元素都将获得两个因子得分，一个是其为消极评价时对整体满意度的贡献值（横轴），另一个是其为积极评价时对整体满意度的贡献值（纵轴）。坐标图中的距离采用卡方值度量，坐标值越大，表示该服务元素对整体满意度的贡献值越大，经过 0 点的水平线和垂直线将坐标分成四个区域，分别对应四分模型的四种服务，如图 7-2 所示。

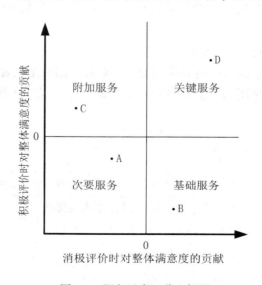

图 7-2　服务元素四分坐标图

显然，对于图中所示意的 A、B、C、D 四个服务要素，当服务要素评价为消极时，D 对整体服务不满意的贡献度最高，C 的贡献度最低；而当服务要素评价为积极时，D 对整体服务满意的贡献度最高，B 的贡献度最低。这说明测评结果在对各服务元素进行划分的同时，还可以通过比较服务元素之间的相对位置，来直观揭示同样服务之间对整体满意度的贡献程度差异。此外，还可以通过对用户进行分组，对不同组用户进行四分模型服务划分，并进行划分结果的对比，用以揭示不同用户群体之间的服务偏好差异，为市场细分和服务的个性化定制与改进等提供决策依据。

7.4 实 验 项 目

7.4.1 数字图书馆服务的四分模型实验

随着信息技术和网络技术的发展，数字图书馆正成为一个获取、分享和利用电子资源的门户，其能够推进信息资源以数字形式进行收集、存储和组织过程。由于服务和用户是探讨数字图书馆的两个重要方面，基于用户体验的信息服务质量评价对于数字图书馆的发展而言具有重要作用。借助于四分模型，可将数字图书馆服务元素提取并按其对整体满意度的贡献程度进行划分，有助于数字图书馆识别提升用户体验的着力点，为数字图书馆服务的改进提供参考依据。

7.4.1.1 服务元素的选择

浏览并体验数字图书馆所提供的服务，对数字图书馆主要服务要素进行归纳总结。例如将数字图书馆服务归纳为以下 27 种，如表 7-1 所示。

表 7-1 数字图书馆服务元素

标签	服务种类	服务元素	服务描述
s1	信息提供服务	介绍	数字图书馆历史、资源与服务的介绍
s2		新闻	数字图书馆最新新闻与资讯
s3		资源类别	文本、图片、音频、视频等
s4		特色资源	特色资源库
s5		文献传递	文献资源的共享传递

续表

标签	服务种类	服务元素	服务描述
s6		检索项设置	检索范围的限定（如作者、标题、主题等）
s7		查全率	查到的相关资源数量与全部相关资源数量的比率
s8	检索服务	查准率	查到的相关资源数量占全部检索到资源数量的比率
s9		检索结果过滤	检索结果过滤方式（引用率、影响因子等）
s10		输出结果形式	结果形式用以进一步处理（Endnote、NoteExpress 等）
s11		咨询方式	向馆员咨询的方式（E-mail、QQ 等）
s12		社区	虚拟社区交互服务
s13	交互服务	微博	数字图书馆官方微博
s14		分享	馆员与用户间资源或经验的分享
s15		Q&A	常见问题与解答
s16		学科服务	针对学科进行图书馆信息服务
s17		定题服务	定期将符合需求的最新信息传送给用户的服务
s18		科技查新	按科研主题进行查新检索
s19	信息组织服务	培训	数字图书馆使用的培训
s20		E-learning	在线学习
s21		导航	数字图书馆资源导航
s22		资源门户	资源集成平台
s23		资源推荐	根据用户的偏好推荐的资源
s24		资源收藏	根据个人兴趣收藏资源
s25	个性化服务	个性化定制	界面、提醒、检索等的个性化定制
s26		图书荐购	用户向数字图书馆推荐购买书籍
s27		访问设备	访问数字图书馆的设备

7.4.1.2 服务元素用户评价调查

在对数字图书馆服务元素体验调查的过程中，对每个服务元素可以采用 Likert 五分法（"1"—"非常不满意"、"2"—"不满意"、"3"—"中立/不清楚"、"4"—"满意"、"5"—"非常满意"）或七分法等，让数字图书馆用户对服务进行评价。此外，在进行调查的过程中，还可进行人口统计学指标及数字图书馆使用情况的基本问项调查，以便进行群体之间的对比分析。

7.4.1.3　四分模型构建

四分模型是在利用获取的服务元素质量和总体满意度的评价结果构建交叉表，以实现对应分析的基础上构建的。

考虑到服务质量评价的不对称性，将评分"1"～"3"认作消极评价，而"4"～"5"作为积极评价。对于整体服务满意度而言，可将所有服务评分的均值作为分割点，服务满意度的观察指标的平均数若大于分隔值，则视为满意，反之为不满意。根据以上规则，对服务的积极评价替换为"p"，消极评价替换为"n"，服务整体满意替换为"1"，整体不满意替换为"0"。分别统计服务评价为积极（"p"）且服务整体满意（"1"）时每个服务元素的该评价结果个数（如图7-3（a）所示），服务评价为消极（"n"）且服务整体满意（"1"）时每个服务元素的该评价结果个数（如图7-3（b）所示），服务评价为积极（"p"）且服务整体满意（"0"）时每个服务元素的该评价结果个数（如图7-3（c）所示），服务评价为消极（"n"）且服务整体满意（"0"）时每个服务元素的该评价结果个数（如图7-3（d）所示）。

service	sat	number	performance
s1	1	183	p
s2	1	184	p
s3	1	156	p
s4	1	149	p
s5	1	179	p
s6	1	244	p
s7	1	212	p
s8	1	201	p
s9	1	217	p
s10	1	187	p

（a）

service	sat	number	performance
s1	1	76	n
s2	1	75	n
s3	1	103	n
s4	1	110	n
s5	1	80	n
s6	1	15	n
s7	1	47	n
s8	1	58	n
s9	1	42	n
s10	1	72	n

（b）

service	sat	number	performance
s1	0	37	p
s2	0	41	p
s3	0	24	p
s4	0	16	p
s5	0	24	p
s6	0	64	p
s7	0	49	p
s8	0	31	p
s9	0	53	p
s10	0	32	p

（c）

service	sat	number	performance
s1	0	57	n
s2	0	53	n
s3	0	70	n
s4	0	78	n
s5	0	70	n
s6	0	30	n
s7	0	45	n
s8	0	63	n
s9	0	41	n
s10	0	62	n

（d）

图 7-3　服务质量及整体满意度对应数值统计

给评价为积极（"p"）的每个服务元素加上标签"1"～"27"；给评价为消极（"n"）的每个服务元素加上标签"28"～"54"。此外，对个数统计指标"number"进行加权个案处理，即规定为频率变量，如图7-4所示。

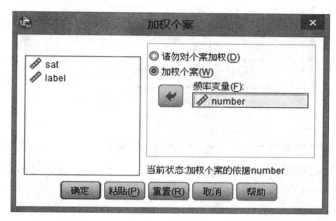

图 7-4　加权个案处理

然后对应分析将应用于由 27 个服务元素的二分评价（积极评价和消极评价）及整体满意度（满意和不满意）组成的 54×2 的交叉表上。计算消极评价时对整体满意度的贡献值（X 轴），对应分析设置如图7-5所示。计算积极评价时对整体满意度的贡献值（Y 轴），对应分析设置如图7-6所示。

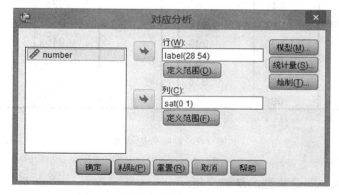

图 7-5　消极评价时的对应分析设置

显然，每一个服务元素都将获得两个因子得分，一个是其为消极评价时对

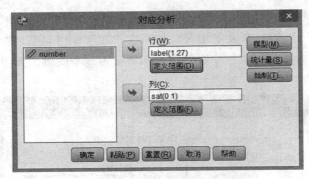

图 7-6　积极评价时的对应分析设置

整体满意度的贡献值（X 轴），如图 7-7（a）所示；另一个是其为积极评价时对整体满意度的贡献值（Y 轴），如图 7-7（b）所示。数字图书馆服务元素的四分模型如图 7-8 所示。

label	质量	维中的得分 1
28	.035	-.073
29	.034	-.164
30	.046	-.223
31	.050	-.159
32	.040	.165
33	.012	1.418
34	.025	.306
35	.032	.504
36	.022	.336
37	.036	.140

（a）

label	质量	维中的得分 1
1	.038	-.144
2	.039	-.280
3	.031	.196
4	.029	.550
5	.035	.343
6	.053	-.529
7	.045	-.334
8	.040	.193
9	.047	-.417
10	.038	.071

（b）

图 7-7　对应分析结果

7.4.1.4　四分模型的结果分析

从总体样本上看，样本数字图书馆服务元素四分模型的分类结果为：

基础服务：检索项设置（s6）、查全率（s7）、检索结果过滤（s9）、E-learning（s20）、导航（s21）、资源门户（s22）、资源收藏（s24）；

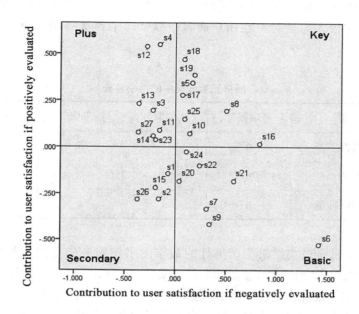

图 7-8　数字图书馆服务元素四分模型

次要服务：介绍（s1）、新闻（s2）、Q&A（s15）、图书荐购（s26）；

附加服务：资源类别（s3）、特色资源（s4）、咨询方式（s11）、微博（s12）、社区（s13）、分享（s14）、资源推荐（s23）、访问设备（s27）；

关键服务：文献传递（s5）、查准率（s8）、输出结果形式（s10）、学科服务（s16）、定题服务（s17）、科技查新（s18）、培训（s19）、个性化定制（s25）。

显然，信息检索类服务和信息组织类服务基本分布于基础服务和关键服务之中，即其消极评价对不满意度的贡献程度较高。大部分信息交互类服务都属于附加服务，即其积极评价对满意度的贡献程度较大。检索项的设置对用户而言是数字图书馆最基础的服务元素，而特色资源库和微博服务的优秀表现则将极大程度上促进用户满意度的提升。

7.4.1.5　四分模型的群组对比分析

四分模型的优势在于，可以借助可视化坐标图形对服务元素的分布规律进行直观揭示和对比。基于此，还可以对样本按用户特征进行划分，进行不同群体之间的对比分析。

　　①按性别进行分组。男性用户和女性用户在服务元素的分类上有较大的相似性，区别较大的是对男性用户而言，数字图书馆次要服务更多，如表 7-2 所示。

表 7-2　　　　　　　　　　　服务元素分类中的性别差异

性别	基础服务	次要服务	附加服务	关键服务
男性	6	7	5	9
女性	8	4	7	8
分类相同数量	6	3	4	7

　　具体的服务分类结果为，男性的数字图书馆服务四分结果如图 7-9（a）所示，女性的数字图书馆服务四分结果如图 7-9（b）所示。相较而言，男性更倾向于主动地探索信息，而女性更倾向于接受推荐信息。比如咨询方式、分享、资源推荐的积极评价对女性用户的满意度有较高贡献度，而对男性则并不重要。

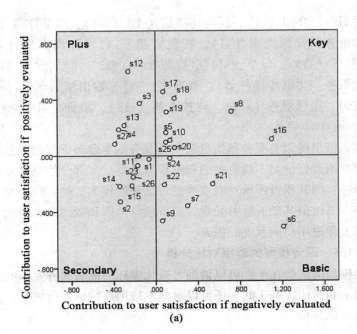

(a)

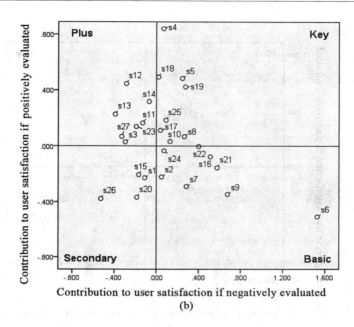

图 7-9 不同性别的服务分类结果

②按年龄进行分组。按照年龄将用户划分成 24 岁以下、24~30 岁和 30 岁以上三个人群，在服务元素的分类上有较大的差异，如表 7-3 所示。

表 7-3 服务元素分类中的年龄差异

年龄	基础服务	次要服务	附加服务	关键服务
24 岁以下	8	5	9	5
24~30 岁	5	8	7	7
30 岁以上	4	9	4	10
分类相同数量	1	3	0	1

具体的服务分类结果为，小于 24 岁的数字图书馆服务四分结果如图 7-10（a）所示，24~30 岁的数字图书馆服务四分结果如图 7-10（b）所示，30 岁以上的数字图书馆服务四分结果如图 7-10（c）所示。相较而言，诸如社区服务、微博服务等交互类服务对 30 岁以下的年轻人较为重要，而诸如定题服务、科技查新服务等关于知识组织类服务对年长的用户更有价值。

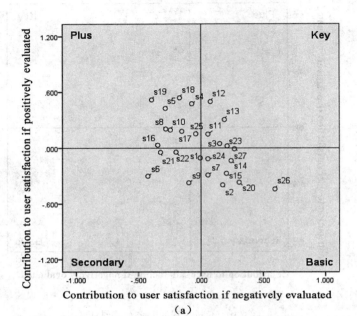

（a）

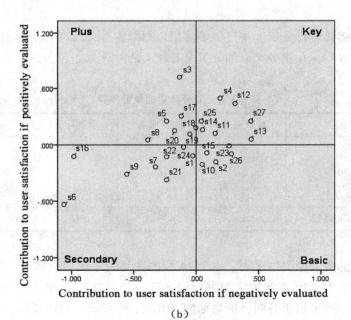

（b）

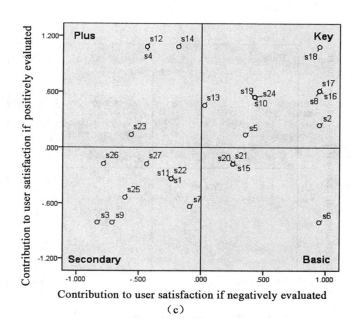

图 7-10　不同年龄的服务分类结果

③按受教育程度进行分组。按照受教育程度将用户划分成本科、硕士和博士三个人群，在服务元素的分类上有较大的差异，如表 7-4 所示。

表 7-4　　　　　　　　　　　服务元素分类中的受教育程度差异

受教育程度	基础服务	次要服务	附加服务	关键服务
本科	8	6	9	4
硕士	4	7	7	9
博士	4	9	5	9
分类相同数量	0	3	0	0

具体的服务分类结果为，本科用户的数字图书馆服务四分结果如图 7-11（a）所示，硕士用户的数字图书馆服务四分结果如图 7-11（b）所示，博士用户的数字图书馆服务四分结果如图 7-11（c）所示。相较而言，本科用户更偏好分享和资源推荐服务，而知识组织类服务则对硕士用户和博士用户更有价

值，此外博士用户更看重 E-learning 服务。

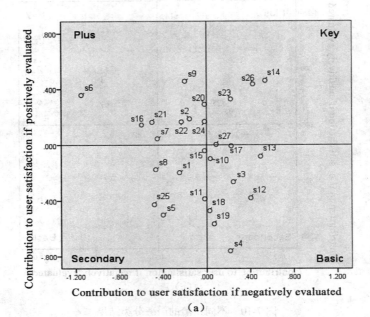

（a）

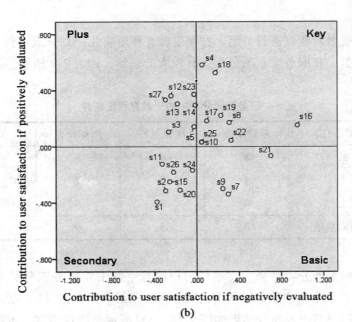

（b）

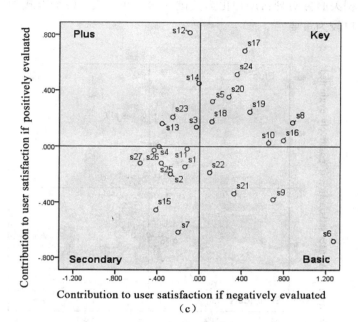

图 7-11 不同受教育程度的服务分类结果

④按学科进行分组。按照学科将用户划分成人文社科、理科和工科三个人群，在服务元素的分类上有较大的差异，如表7-5所示。

表 7-5 服务元素分类中的教育程度差异

学科	基础服务	次要服务	附加服务	关键服务
人文社科	6	6	5	10
理科	6	9	5	7
工科	6	8	6	7
分类相同数量	0	1	0	0

具体的服务分类结果为，人文社科用户的数字图书馆服务四分结果如图7-12（a）所示，理科用户的数字图书馆服务四分结果如图7-12（b）所示，工科用户的数字图书馆服务四分结果如图7-12（c）所示。相较而言，人文社科用户觉得更多的服务属于数字图书馆的关键服务，尤其是信息组织类服务；

信息检索相关服务对理科用户更为关键；而访问方式、咨询方式和培训服务则对工科用户较为重要。

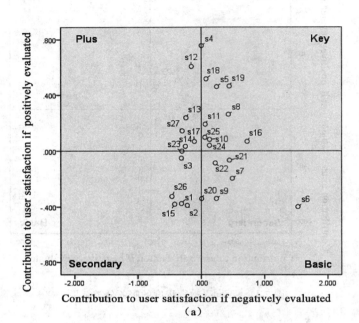

（a）

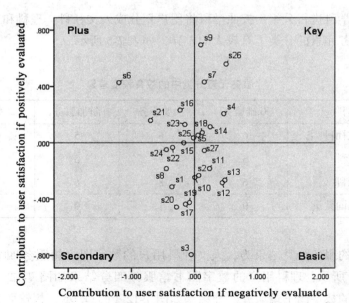

（b）

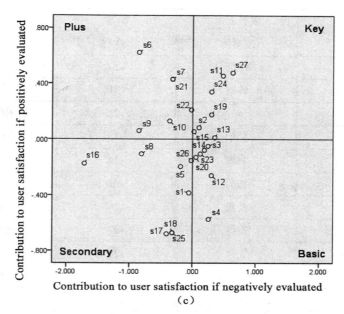

图 7-12　不同学科的服务分类结果

7.4.2　微博服务的四分模型实验

社会网络环境下，微博作为 Web 2.0 典型社交应用已为互联网用户熟知并使用。由于信息技术尤其是移动技术的发展，社交应用服务功能须根据用户需求的改变而不断完善。借助于四分模型，可将微博服务元素提取并按其对整体满意度的贡献程度进行划分，有助于微博服务提供商识别提升用户体验的着力点，为改善微博服务提供参考依据。

7.4.2.1　服务元素的选择

浏览并体验微博所提供的服务，对微博主要服务要素进行归纳总结。例如将微博服务归纳为 36 种，如表 7-6 所示。

7.4.2.2　服务元素用户评价调查

在对微博服务元素体验调查的过程中，对每个服务元素可以采用 Likert 五分法（"1"—"非常不满意"、"2"—"不满意"、"3"—"中立/不清楚"、"4"—"满意"、"5"—"非常满意"）或七分法等，让微博用户对服务进行评价。此外，在进行调查的过程中，还可进行人口统计学指标及微博使用情况的基本问项调查，以便进行群体之间的对比分析。

表 7-6　　　　　　　　　　　　微博服务元素

标签	服务元素	标签	服务元素
s1	发微博	s19	热门搜索
s2	评论	s20	导航
s3	转发	s21	应用种类
s4	@	s22	应用简单易用
s5	私信	s23	桌面微博
s6	收藏	s24	移动客户端
s7	相册	s25	位置服务
s8	微盘	s26	界面
s9	投票	s27	用户分组
s10	统计	s28	推荐
s11	微话题	s29	标签
s12	微群	s30	勋章
s13	微博活动	s31	提醒
s14	微博广场	s32	账户保护
s15	音乐	s33	隐私保护
s16	游戏	s34	广告过滤
s17	内容搜索	s35	粉丝过滤
s18	用户搜索	s36	实名制

7.4.2.3　四分模型构建

考虑到服务质量评价的不对称性，将评分"1"～"3"认作消极评价，而"4"～"5"作为积极评价。对于整体服务满意度而言，可将所有服务评分的均值作为分割点，服务满意度的观察指标的平均数若大于分隔值，则视为满意，反之为不满意。根据以上规则，对服务的积极评价替换为"p"，消极评价替换为"n"，服务整体满意替换为"1"，整体不满意替换为"0"。分别统计服务评价为积极（"p"）且服务整体满意（"1"）时每个服务元素的该评价结果个数，服务评价为消极（"n"）且服务整体满意（"1"）时每个服务元素的该评价结果个数，服务评价为积极（"p"）且服务整体满意（"0"）时每个服务元素的该评价结果个数，服务评价为消极（"n"）且服务整体满意（"0"）时每个服务元素的该评价结果个数。此外，对个数统计指标"number"进行加权个案处理，即规定为频率变量。然后对应分析将应用于由 36 个服务元素的二分评价（积极评价和消极评价）及整体满意度（满意和不满意）组成的 72×2 的交叉表上。显然，每一个服务元素都将获得两个因子得分，一个是其为消极评价时对整体满意度的贡献值（X 轴），另一个是其为积极评价时对整体满意度的贡献值（Y 轴）。微博服务元素的四分模型如图 7-13 所示。

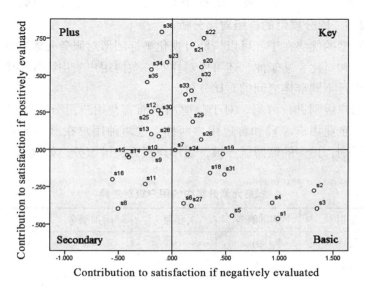

图 7-13　数字图书馆服务元素四分模型

7.4.2.4　四分模型的结果分析

从总体样本上看，样本微博服务元素四分模型的分类结果为：

基础服务：发微博（s1）、评论（s2）、转发（s3）、@（s4）、私信（s5）、收藏（s6）、相册（s7）、用户搜索（s18）、热门搜索（s19）、移动客户端（s24）、用户分组（s27）、提醒（s31）。

次要服务：微盘（s8）、投票（s9）、统计（s10）、微话题（s11）、微博广场（s14）、音乐（s15）、游戏（s16）。

附加服务：微群（s12）、微博活动（s13）、桌面微博（s23）、位置服务（s25）、推荐（s28）、勋章（s30）、广告过滤（s34）、粉丝过滤（s35）、实名制（s36）。

关键服务：内容搜索（s17）、导航（s20）、应用种类（s21）、应用简单易用（s22）、界面（s26）、标签（s29）、账号保护（s32）、隐私保护（s33）。

显然，结果显示诸如"发微博"、"评论"、"转发"、"@"等微博常用交互类功能被用户视为基础服务，其消极评价对用户不满意度贡献程度较大。"实名制"、"广告过滤"、"粉丝过滤"等辅助性功能被用户视为附加服务，其积极评价对用户满意度贡献程度较大。对于关键服务而言，用户较为关注"应用种类"、"应用简单易用"，以及"账号保护"等服务元素。而"微盘"、"音乐"、"游戏"等非微博核心功能的服务元素被用户视为次要服务。

7.4.2.5　四分模型的群组对比分析

四分模型的优势在于，可以借助可视化坐标图形对服务元素的分布规律进行直观揭示和对比。基于此，还可以对样本按微博用户使用特征和个人属性进行划分，进行不同群体之间的对比分析。

①按用户级别进行分组。对于微博用户而言，用户可分为认证用户（名人、媒体、企业用户等）和普通用户两种，这两种用户在服务元素的分类上存在明显区别，更多的微博服务被普通用户视为关键服务，如表7-7所示。

表 7-7　　　　　　　　　　　　服务元素分类中的用户级别差异

用户级别	基础服务	次要服务	附加服务	关键服务
认证用户	10	9	10	7
普通用户	9	7	9	11
分类相同数量	1	0	3	0

具体的服务分类结果如图 7-14 所示。相较而言，普通用户视为基础服务的元素基本上都被认证用户视为次要服务；被普通用户视为关键服务的"热门搜索"，也被认证用户视为次要服务。而被认证用户视为关键服务的"微群"、"微博活动"以及"广告过滤"和"粉丝过滤"则被普通用户视为附加服务。

②按微博发布数量进行分组。对于微博用户而言，微博发布数量在一定程度上反映了用户对微博的使用情况，即可按照发布微博数量的不同对用户进行划分。按照微博发布数量划分成 100 条以下、100~500 条和 500 条以上三个人群。在服务元素的分类上有较大的差异，可见随着微博发布数量的增多，对用户而言的基础服务和次要服务越少，如表 7-8 所示。

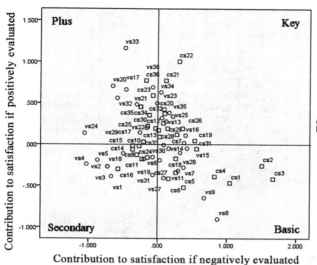

图 7-14　不同用户级别的服务分类结果

表 7-8　　　　　　　　　服务元素分类中的微博发布数量差异

微博发布数量	基础服务	次要服务	附加服务	关键服务
≤100	11	11	7	7
100<num<500	9	7	14	6
≥500	9	5	10	12
分类相同数量	1	0	1	0

　　具体的服务分类结果如图 7-15 所示。相较而言，微博发布数量小于 100 条的用户认为诸如"微博活动"、"微博广场"等推送信息类服务元素为关键服务；微博发布数量介于 100 条至 500 条之间的用户对待微博服务态度更为积极，大部分用户都被视为附加服务，即其积极评价对满意度有较大促进作用；对于微博发布数量大于 500 条的用户而言次要服务最少，包括"统计"和"推荐"等。

　　③按粉丝数和关注数比值进行分组。对于微博用户而言，可按照粉丝数和关注数比值对用户进行划分成三类，即比值大于 3 即为信息源用户、比值介于

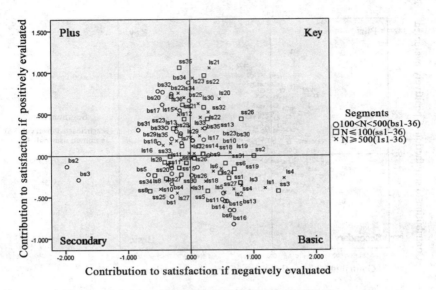

图 7-15　不同微博发布数量的服务分类结果

1/3 和 3 之间即为交友型用户、比值小于 1/3 即为信息搜寻用户，如表 7-9
所示。

表 7-9　　　　　　　　　　服务元素分类中的粉丝数和关注数比值差异

粉丝数和关注数比值	基础服务	次要服务	附加服务	关键服务
≧3	8	6	12	10
1/3<ratio<3	7	9	10	10
≦1/3	7	12	7	10
分类相同数量	0	1	0	0

　　具体的服务分类结果如图 7-16 所示。相较而言，对信息源用户而言，除
"提醒"外，与内容和应用相关的服务元素均为关键服务；对交友型用户而
言，用户更偏好社交类服务元素，比如"微群"、"微博活动"和"微博广
场"；对于信息搜寻用户而言，"用户搜索"、"导航"、"推荐"等服务更为重
要。此外，从图中还可以看到在横纵坐标上取较大值得服务元素，均来源于信
息搜寻用户，即服务元素的质量表现更容易影响到信息搜寻用户的体验。

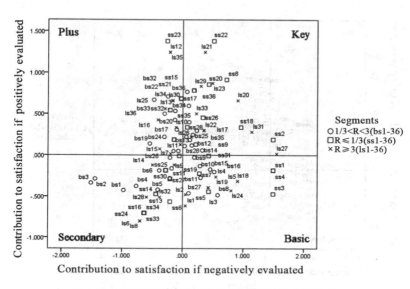

图 7-16　不同粉丝数和关注数比值的服务分类结果

④按性别进行分组。男性用户和女性用户在服务元素的分类上有较大的相似性，尤其是基础服务，男性女性的评价基本一致。另外男性关键服务要明显多于次要服务的数量，如表 7-10 所示。

表 7-10　　　　　　　　服务元素分类中的性别差异

性别	基础服务	次要服务	附加服务	关键服务
男性	10	6	9	11
女性	10	9	8	9
分类相同数量	9	3	6	7

具体的服务分类结果如图 7-17 所示。相较而言，诸如"游戏"、"音乐"等娱乐类服务元素对女性用户的吸引力弱于男性；"统计"和"粉丝过滤"则对女性的重要性要强于男性；而"移动客户端"对男性重要性强于女性。

⑤按受教育程度进行分组。按照受教育程度将用户划分成本科、硕士和博士三个人群，在服务元素的分类上有较大的差异，其中对本科生而言关键服务

133

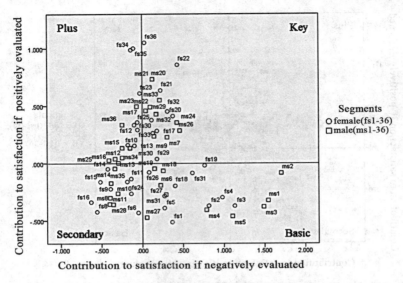

图 7-17　不同性别的服务分类结果

数量最占据主导地位，对硕士而言附加服务最多，而对博士而言次要服务最多，如表 7-11 所示。

表 7-11　　　　　　　　　　服务元素分类中的受教育程度差异

受教育程度	基础服务	次要服务	附加服务	关键服务
本科	8	8	8	12
硕士	8	9	11	8
博士	8	11	8	9
分类相同数量	0	1	1	2

具体的服务分类结果如图 7-18 所示。相较而言，本科生更注重应用类服务和诸如"界面"、"标签"等个性化类服务；硕士更关心推荐和过滤辅助支持类服务，并容易受"勋章"鼓动；博士则觉得检索类服务和交互类服务更为关键。

⑥按所处行业进行分组。按照用户所处行业，根据样本结构将用户主要划分成 IT 互联网、传媒、教育和制造业人群，在服务元素的分类上除基础服务

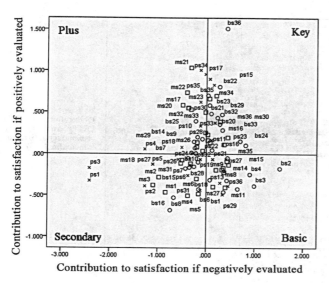

图 7-18　不同教育程度的服务分类结果

外，其他类服务有较大的差异，如表 7-12 所示。

表 7-12　　　　　　　　服务元素分类中的所处行业差异

所处行业	基础服务	次要服务	附加服务	关键服务
IT 互联网	13	2	12	9
传媒	6	14	4	12
教育	8	10	6	12
制造业	9	12	4	11
分类相同数量	6	0	0	2

　　具体的服务分类结果如图 7-19 所示。相较而言，IT 互联网行业用户与其他行业用户在服务元素分类上存在较大差异，对其而言次要服务最少，基础服务和附加服务均较多，且关键服务主要体现在社交网络服务的特色之处上，例如 "微博广场"、"位置服务"、"标签" 等。传媒行业用户更为看重 "相册"、"投票" 及其他应用相关服务。教育行业用户更关注 "统计"、"广告过滤" 等功能，而传媒行业和制造行业用户则并不特别在意。

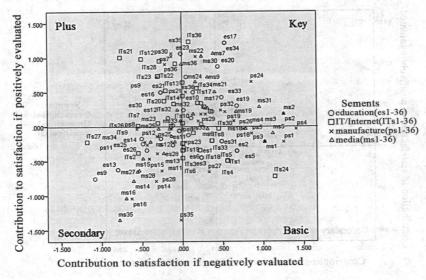

图 7-19　不同行业的服务分类结果

7.5　相 关 练 习

7.5.1　练习（1）

移动支付也称为手机支付，是允许用户使用其移动终端（通常是手机）对所消费的商品或服务进行账务支付的一种服务方式。近年来以支付宝、微信支付为代表的第三方支付的发展引领下，移动支付内容和服务功能呈现多元化发展趋势，其不仅体现在消费账务支付环节之中，还通过将移动终端设备与互联网、应用提供商以及金融机构相融合，为用户提供多种生活金融业务与服务。试利用四分模型方法，选取某一移动支付服务提供商对其移动支付服务进行调研分析，为其移动支付服务满意度和用户体验的提升提供参考依据。

7.5.2　练习（2）

当前，O2O（Online To Offline / Offline To Online）电子商务模式正被广泛应用于移动商务和社会化商务之中，其商务过程中线上线下之间的交互已在各行业之中得到应用推广。社区是与人的衣食住行最接近，也是人停留时间最长的生活单元，更是网络购物环节中的物流配送最小单元。社区具有非常大的平台价值，针对社区服务嵌入并应用 O2O，实现以人聚商、以商聚人相结合，形成社区 O2O 电子商务模式已成为当前的一大热门。试选择一种社区 O2O 应用案例，对其服务进行调研，并利用四分模型进行分析，为其服务满意度和用户体验的提升提供参考依据。

7.6 相 关 知 识

7.6.1 用户满意度

用户（客户）满意度有两种定义视角：

①即时感知和评价视角，认为用户满意度是用户的心理标准和其对产品/服务体验的即时评价的对比结果；

②累积体验视角，认为用户满意度是用户对过往累积体验的总体评价。

在评价用户满意度时，评价结果可被揭示为"满意"和"不满意"。"满意"指用户对体验和结果感受到喜悦和满足，其能促使市场占有率、用户口碑和用户保持率的提升；"不满意"则指用户对体验和结果感受到不喜欢甚至讨厌，其通常伴随着用户消极口碑和抱怨的产生。

"满意"与"不满意"是两种主观感受，分别来源于用户的积极和消极体验与评价。通常，积极的反馈和消极的反馈被发现对"满意"和"不满意"的影响是相互独立的；影响"满意"和"不满意"的因素也可能是相异的。因此，对服务元素而言，其对用户"满意"和"不满意"感受的贡献程度是非对称的，即服务元素对用户"满意"和"不满意"的影响程度是相异的。

7.6.2 对应分析

在社会科学领域的研究中，经常会利用定序变量或定类变量来反映研究对象的行为、态度等，实现对定性变量的数据进行量化分析。例如分析不同年龄或性别的顾客对不同商品品牌或功能的喜好，不同职业的人在社交行为上的差异等都属于此类研究。在分析此类定性问题时，可以利用诸如 Loglinear 方法等非线性统计方法。但当各变量均属于不同类别的情况下，使用这些分析方法进行变量之间的关系以及变量类别之间的关系直观揭示时较困难。在这种情况下，尤其是在分析品质型变量数据的问题时，对应分析是一个有力的工具。

对应分析（Correspondence Analysis）方法是由法国统计学家 Benzecri 在 20 世纪 70 年代初提出，在因子分析的基础上发展起来的。区别于传统的统计方法，对应分析在降低维度方面，对应分析与因子分析类似；在作分布图方面，对应分析与多维尺度方法类似，表现为结合了因子分析和多维尺度方法的优点。对应分析从编制两变量的交叉列联表入手，通过对交叉列联表的频数分析来确定变量及其类别之间的关系，并进一步分析和探索变量之间的关系。主要方法是将定类型或定序型变量转换为可度量的分值，并通过降低变量的维度作出分值分布图。

例如，在分析不同顾客对品牌商品的偏好时，可以将商品品牌与顾客的性别、职业与收入水平等进行交叉汇总，汇总表中的每一项数字都代表着某一类顾客喜欢某一品牌的人数，这一人数也就是这类顾客与这一品牌的"对应"点，代表着不同特点的顾客与品牌之间的联系。通过对应分析，可以把品牌、顾客特点以及他们之间的联系同时反映在一个二维或三维的分布图上，顾客认为比较相似的品牌在图上的分布更接近一些；而分布距离较远的品牌则相似性较低。根据顾客特点与每一品牌之间距离的远近，还可以区分顾客的哪些特点与喜好某种品牌的关系密切。

对应分析中，利用经过加权处理的分值距离表示变量类别的差异，并在加权过程中，利用卡方（Chi-square）检验统计量检验其差异的显著性。因此，对应分析的基础是将卡方值转变成可度量的距离。如果卡方值为负，则说明该单元格中的实际发生频数低于期望频数。每一单元格频数的期望值取决于，它在行分布中所占的比例和它在列分布中所占的比例。如果某一单元格的卡方值是正值，而且数值相对较大，则说明这一单元格对应的行变量类别与列变量类别有很强的对应关系，这两个类别在图上的距离就会很近；如果是负值，则这两个类别在图上的距离就会很远。

具体分析中，首先编制交叉列联表并利用该表计算概率矩阵，其次利用概率矩阵确定数据点之间的坐标，最后描绘行列分类变量的对应分布图，为进一步的分析和探索奠定基础。

第 8 章　模拟分析模型实验

8.1　实验目的与要求

本章将学习商务决策中模拟分析定量模型的应用，通过本章的学习与实验操作，旨在达到以下目的与要求：

（1）掌握风险分析模拟模型及其实践应用分析方法与过程；

（2）掌握库存模拟模型及其实践应用分析方法与过程；

（3）掌握排队模拟模型及其实践应用分析方法与过程；

（4）培养基于商务模型进行模拟分析以辅助商务决策的能力。

8.2　实 验 准 备

Microsoft Excel 2007 或其他版本。

8.3　实 验 基 础

模拟分析包含数学表达式和逻辑表达式，是商务决策应用中使用较广泛的一种定量分析方法，其通过对代表某实际系统的模型进行试验进而了解并掌握该实际系统。通常而言模拟模型需要理清输入和输出的关系，其中任何模拟模型均包括可控输入量和概率输入量。可控输入量是人工分析自主选择的值，概率输入量则是随机产生的值，借助模拟模型，可以通过可控输入量和概率输入量计算出输出量的值。可控输入量的改变可以帮助分析得出可控输入量控制的对策建议，用以得到期望的输出量。显然，模拟模型是一种能够用来描述和预测一个系统在给定可控输入量的取值范围和概率输入量的随机产生值条件是如何运行的方法。当前模拟模型以被应用于新产品开发的盈利空间、库存费用政策、交通流量控制、排队等候时间等实践应用之中。

8.3.1　风险分析模拟模型

风险通常是指由于企业主观上不能控制的一些因素的影响，使得实际结果与企业的事先估计有较大的背离而带来的经济损失。这些背离产生的原因，可能是有关因素和未来情况缺乏足够情报使企业对结果无法作出精确估计，也可能是由于考虑的因素不够全面而造成预期效果与实际效果之间的差异。风险分析是在不确定性条件下预测决策将会带来的结果的过程，是找出行动方案的不确定性因素，分析其环境状况和对方案的敏感程度。

进行风险分析，有助于确定有关因素的变化对决策的影响程度，有助于确定投资方案或生产经营方案对某一特定因素变动的敏感性。若一种因素在一定范围内发生变化，但对决策没有引起很大影响，则所采取的决策对这种因素是不敏感的；若一个因素的大小稍有变化就会引起投资决策的较大变动，则决策对这一因素便是高度敏感的。了解在给定条件下的风险对这些因素的敏感程度，有助于正确地作出决策。

为了开展风险分析，需要估计有关数据，包括行动方案的费用，在不同情况下得到的收益以及不确定性因素各种机遇的概率，计算各种风险情况下的经济效果，并作出正确判断，等等，这就需要借助于模拟的方法来产生概率输入量并计算输出结果。具体而言，风险模拟分析的步骤为，首先确定概率输入量以及其分布区间和概率，接着生成概率输入量的随机数，再利用生成的随机数进行计算，并循环此过程，以获得稳定的结果，为风险分析提供依据。

以企业产品销售分析为例，其风险分析可通过考察其盈利状况来进行衡量。通常而言，利润的计算公式为：

利润＝（销售价格–产品成本）×销售量–营销成本

基于此，企业产品销售风险模拟分析的步骤如图 8-1 所示。

企业产品销售风险分析模拟模型如图 8-2 所示。其中，可控输入量为新产品的引入，概率输入量为产品成本和销售量，输出为产品利润。

8.3.2　库存模拟模型

库存是企业仓库中货物的实际储存情况。一般可分为生产库存和流通库存

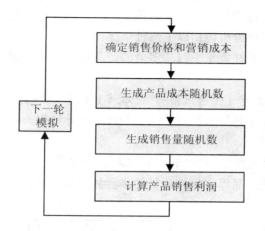

图 8-1 企业产品销售风险模拟分析步骤

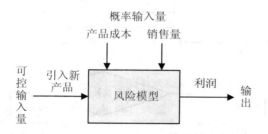

图 8-2 企业产品销售风险分析模拟模型

两种。前者即直接消耗物资的企业库存物资，它是企业为了保证所消耗的物资能够不间断地供应而储存的；后者则主要体现为生产企业的成品库存、生产主管部门的库存和各级物资主管部门的库存。库存的管理是提升企业运营效率，降低企业运营成本的主要途径之一。

库存管理者为了提高库存的效益，需要不断地调整库存方案。这就要求他们明确库存方案调整过后的效益会比原来有所改进，而不会产生一些不可预见的消极影响。因此，企业会通过实际操作进行实验的方法或者通过构建数学模型，来分析库存变化所带来的企业运营效率的改变情况，但其往往面对实验代价较大或数学模型较为局限的情况出现，而不能准确反映真实情况。除此之外，库存模拟则是另一种在不影响实际运作绩效的前提下，对库存运作变化进行快速、详细地分析和检查的方法。

以企业产品库存分析为例，其库存分析可通过考察其盈利状况来进行衡量。通常而言，库存分析包括以下两种情况：

①当需求量小于补货水平时，多余的产品将支付持有成本，则净利润的计算公式为：

净利润＝（销售价格－产品成本）×需求量－持有成本

②当需求量大于补货水平时，缺货的产品将导致损失，则净利润的计算公式为：

净利润＝（销售价格－产品成本）×需求量－缺货成本

基于此，企业产品库存模拟分析的步骤如图 8-3 所示。

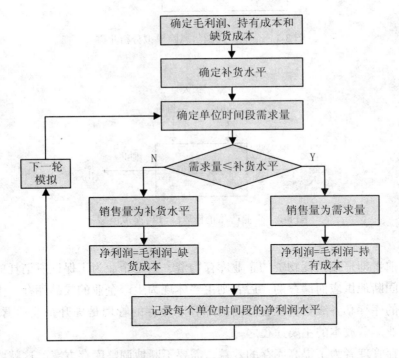

图 8-3　企业产品库存模拟分析步骤

企业产品库存模拟分析模型如图 8-4 所示。其中，可控输入量为产品补货水平，概率输入量为产品需求，输出为产品平均利润和服务水平。

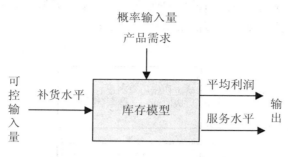

图 8-4 企业产品库存模拟分析模型

8.3.3 排队模拟模型

对风险分析模拟模型和库存模拟模型而言，均为静态模拟模型，其模拟结果均不会影响下一次模拟结果，即每次的模拟之间都是相互独立的，被模拟的系统不会随时间而改变。而排队模拟模型，将时间引入到系统之中，其包括排队用户数量、服务设施工作状态等系统状态信息均随时间变化而发展，即是一种将系统随时间变化的规律考虑在内的动态模拟模型，当描述用户到达和离开的事件是产生于离散时间点上时，也称为离散时间模拟模型。

排队系统又称服务系统，包括服务机构与服务对象（用户）。用户到达时间是随机产生的，因而两个连续用户到达时间之间的间隔（称为时间间隔）也是随机产生的。此外，用户享受服务的时间（即占用服务系统的时间）亦是随机的。排队系统包括三个组成部分：输入过程、服务机构和排队规则。

输入过程指的是用户到达服务系统的规律，一般可用一定时间内用户到达数或用户到达间隔时间来描述。

服务机构可以是一个或多个服务系统。多个服务系统可以是平行设置并行运作的，也可以是串联运作的。

排队规则包括等待制、损失制和混合制三种。等待制是指当用户到达时，所有服务机构都被占用，则用户需要排队等候，此时，为用户提供服务的次序可以是先到先服务，或是有优先权重的服务以及随机型服务。损失制是指如果顾客来到时，发现没有空闲状态服务机构，随即离去。而混合制，则是考虑到服务系统留给用户排队等待的空间限制，对于未超过排队空间限制的用户采取等待制，而对于超过容纳能力的用户而言，则必须离开服务系统。

通常而言，排队模拟分析的基本步骤如图 8-5 所示。

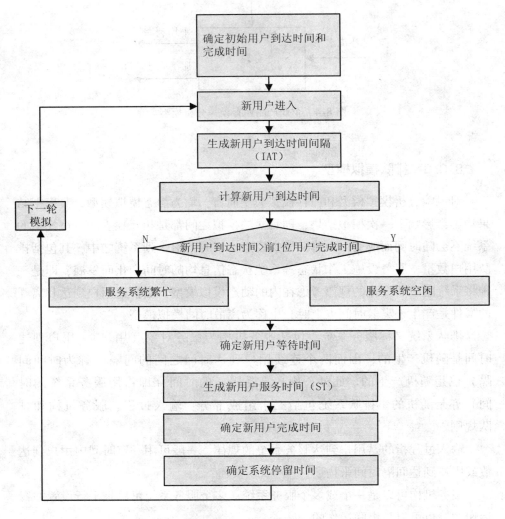

图 8-5　排队模拟分析流程

排队模拟分析模型如图 8-6 所示。其中，可控输入量为服务系统数量，概率输入量为间隔时间和服务时间，输出为系统停留时间。

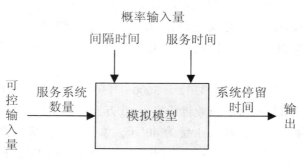

图 8-6 排队模拟分析模型

8.4 实验项目

8.4.1 风险分析模拟模型实验

某平板电脑制造商开发出来一种新型的便携式平板电脑，其设计样式新颖，具备市场潜力，其初期市场研究和财务分析结果显示，该新型平板电脑的销售价格为 780 元/个、第 1 年的管理费用为 50 万元、第 1 年的宣传费为 80 万元。该企业预计单位直接人工费为 46 元，单位零部件成本是 310 元，第 1 年的产品需求为 5000 台。然而，经调查企业发现单位直接人工费存在变化区间 40~50 元，单位零部件成本存在变化区间 300~330 元，第 1 年的产品需求量预计变化区间 3000~7000 台。试进行该便携式平板电脑项目风险分析。

8.4.1.1 变量设置与利润模型构建

根据以上条件，假设单位直接人工费为 c_1，单位零部件成本为 c_2，第 1 年的产品需求为 x，第 1 年的利润为 P，则可得到利润模型如下：

$$P = (780 - c_1 - c_2)x - 500000 - 800000$$

8.4.1.2 What-If 分析

①以企业的估计情况为标准，确定基本情境为单位直接人工费为 46 元，单位零部件成本是 310 元，第 1 年的产品需求为 5000 台。此时，$c_1 = 46$，$c_2 = 310$，$x = 5000$，带入利润模型，得到：

$$P = (780 - 46 - 310) \times 5000 - 1300000 = 820000$$

由此可知，基本情境下企业的预计利润为 102 万元。

由于企业单位直接人工费存在变化区间 40~50 元，单位零部件成本存在变化区间 300~330 元，第 1 年的产品需求为 3000~7000 台，可知：

②最坏情境为单位直接人工费为 50 元，单位零部件成本是 330 元，第 1 年的产品需求为 3000 台。此时，$c_1 = 50$，$c_2 = 330$，$x = 3000$，代入利润模型，得到：

$$P = (780 - 50 - 330) \times 3000 - 1300000 = -100000$$

由此可知，最坏情境下企业将亏损为 10 万元。

③最优情境为单位直接人工费为 40 元，单位零部件成本是 300 元，第 1 年的产品需求为 7000 台。此时，$c_1 = 40$，$c_2 = 300$，$x = 6000$，代入利润模型，得到：

$$P = (780 - 40 - 300) \times 7000 - 1300000 = 1780000$$

由此可知，最优情境下企业利润为 178 万元。

显然，What-If 分析结果为，基本情境下的企业利润为 102 万元，项目在最坏情境下可能会遭受损失 10 万元，最优情境下获利润为 178 万元，即该项目可能会亏损，亦可能会获得可观的利润。然而，这种分析难在它无法给出各种盈利或亏损的概率。

8.4.1.3　模拟分析过程

模拟分析区别于 What-If 分析之处在于，利用随机产生概率输入量的取值来实现各种 What-If 的情形，即概率输入量的取值随机生成，其代表现实中可能观察到的各项数据，前提是先知道每个概率输入量的概率分布。

假设直接人工费的概率分布如表 8-1 所示，零部件成本的则满足均匀概率分布，如图 8-7 所示，第 1 年的需求量满足正态分布，且期望值为 5000，标准差为 500，如图 8-8 所示。

表 8-1　　　　　　　　　　　　单位直接人工费的概率分布

单位直接人工费（元）	概　率
40	0.06
41	0.05
42	0.05
43	0.09

续表

单位直接人工费（元）	概　率
44	0.15
45	0.18
46	0.17
47	0.05
48	0.08
49	0.08
50	0.04

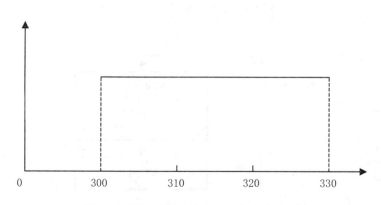

图 8-7　单位零部件成本的概率分布

　　根据以上假设，模拟分析的步骤即为根据 3 个概率输入量的一组取值计算出相对应的利润，然后再产生一组 3 个概率输入量取值并计算相对应的利润，以此规律循环这个过程，直至产生足够多的利润值，并能够大致描述利润的概率分布。该平板电脑项目风险模拟分析流程如图 8-9 所示。

　　显然，在进行平板电脑项目模拟分析的过程中，需要根据概率分布进行随机数的生成，根据单位直接人工费的概率分布，可得到直接人工费的随机数区间，如表 8-2 所示。其中，各个随机数区间反映了相对应的单位直接人工费出现的概率，随机产生 1 个 0~1 之间的随机数，即可根据所属区间得到所对应的单位直接人工费。

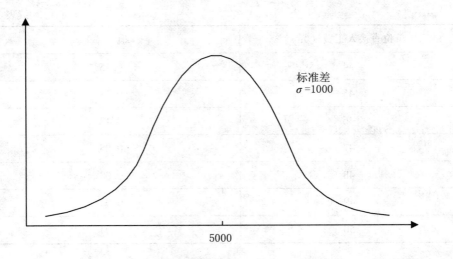

图 8-8　第 1 年的需求量的正态分布

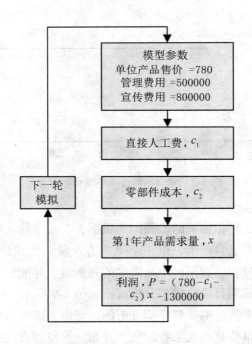

图 8-9　平板电脑项目模拟分析流程

表 8-2   单位直接人工费的随机数区间

单位直接人工费（元）	概率	随机数区间
40	0.06	[0.00, 0.06)
41	0.05	[0.06, 0.11)
42	0.05	[0.11, 0.16)
43	0.09	[0.16, 0.25)
44	0.15	[0.25, 0.40)
45	0.18	[0.40, 0.58)
46	0.17	[0.58, 0.75)
47	0.05	[0.75, 0.80)
48	0.08	[0.80, 0.88)
49	0.08	[0.88, 0.96)
50	0.04	[0.96, 1.00)

由于零部件成本为均匀概率分布，随机数与其对应的零部件成本的关系应为：

$$c_2 = 300 + r(330 - 300) = 300 + 30r$$

其中，r 为 0~1 的随机数，根据随机数可计算得到相对应的零部件成本。

对于第 1 年的需求量而言，由于其呈正态分布，且平均数为 5000，标准差为 500。因此，在 Excel 表单元格中，插入公式"=NORMINV（RAND（），5000，500）"，即可得到服从该正态分布的随机值。

根据以上获得的直接人工费、零部件成本、第 1 年需求量的随机值产生方法，可以通过生成随机数来依次计算所对应的利润模拟值。

8.4.1.4 数据的录入

根据实验条件，在 Excel 中录入相关数据，如图 8-10 所示。

8.4.1.5 随机数生成与模拟计算

要模拟计算平板电脑销售利润，需要首先得到直接人工费、零部件成本和第 1 年需求量的随机数。

①直接人工费随机数的生成。在单元格 F3 中输入公式"=RAND()"得到分布于 0~1 的随机数。将鼠标移至单元格 F3 右下方，待出现黑色"+"时，向下拖动至单元格 F22，得到 20 次模拟的随机数。在单元格 G3 中输入公式"=

	A	B	C
1	平板电脑项目风险分析模拟		
2	每单位销售价格		780
3	第1年管理费用		500000
4	第1年宣传费用		800000
5			
6	直接人工费	随机数（低）	随机数（高）
7	40	0.00	0.06
8	41	0.06	0.11
9	42	0.11	0.16
10	43	0.16	0.25
11	44	0.25	0.40
12	45	0.40	0.58
13	46	0.58	0.75
14	47	0.75	0.80
15	48	0.80	0.88
16	49	0.88	0.96
17	50	0.96	1.00
18			
19	零部件成本（均匀分布）		
20	最小值	300.00	
21	最大值	330.00	
22			
23	第1年需求量（正态分布）		
24	均值	5000	
25	标准差	500	

图 8-10 平板电脑项目基本数据录入

LOOKUP（F3，{0，0.06，0.11，0.16，0.25，0.4，0.58，0.75，0.8，0.88，0.96}，{40，41，42，43，44，45，46，47，48，49，50}）"，即可得到第一个随机数所对应的直接人工费，将鼠标移至单元格 G3 右下方，待出现黑色"+"时，向下拖动至单元格 G22，得到 20 次模拟的直接人工费，如图 8-11 所示。值得指出的是，随机数的生成可能会因为公式的复制而发生变动，因此，在实际的模拟运算中应采用较大数量的模拟次数来消除随机影响。

②零部件成本随机数的生成。在单元格 H3 中输入公式"＝RAND（ ）"得到分布于 0~1 的随机数。将鼠标移至单元格 H3 右下方，待出现黑色"+"时，向下拖动至单元格 H22，得到 20 次模拟的随机数。在单元格 I3 中输入公式"＝$B$20+H3∗（$B$21-$B$20）"，即可得到第一个随机数所对应的零部件成本，将鼠标移至单元格 I3 右下方，待出现黑色"+"时，向下拖动至单元格 I22，得到 20 次模拟的零部件成本，如图 8-12 所示。

模拟次数	直接人工费随机数	直接人工费
1	0.056253007	40
2	0.835299494	48
3	0.218681302	43
4	0.835858455	48
5	0.856869306	48
6	0.22163345	43
7	0.977748441	50
8	0.008948333	40
9	0.203912421	43
10	0.437185658	45
11	0.894838938	49
12	0.534003189	45
13	0.251216937	44
14	0.773359434	47
15	0.069559513	41
16	0.112377657	42
17	0.808429993	48
18	0.946791872	49
19	0.402319179	45
20	0.322941647	44

图 8-11 平板电脑项目直接人工费模拟结果

模拟次数	直接人工费随机数	直接人工费	零部件成本随机数	零部件成本
1	0.056253007	40	0.895071183	326.85214
2	0.835299494	48	0.328506451	309.85519
3	0.218681302	43	0.212346321	306.37039
4	0.835858455	48	0.463016834	313.89051
5	0.856869306	48	0.533556696	316.0067
6	0.22163345	43	0.885536117	326.56608
7	0.977748441	50	0.565422619	316.96268
8	0.008948333	40	0.139269151	304.17807
9	0.203912421	43	0.593417409	317.80252
10	0.437185658	45	0.861320002	325.8396
11	0.894838938	49	0.776037267	323.28112
12	0.534003189	45	0.404168514	312.12506
13	0.251216937	44	0.045914519	301.37744
14	0.773359434	47	0.6871423	320.61427
15	0.069559513	41	0.57177067	317.15312
16	0.112377657	42	0.46070529	313.82116
17	0.808429993	48	0.383420422	311.50261
18	0.946791872	49	0.20854255	306.25628
19	0.402319179	45	0.935564802	328.06694
20	0.322941647	44	0.905620071	327.1686

图 8-12 平板电脑项目零部件成本模拟结果

③需求量随机数的生成。在单元格 J3 中输入公式 "＝NORMINV（RAND（），5000，500）"，将鼠标移至单元格 J3 右下方，待出现黑色 "＋" 时，向下拖动至单元格 J22，得到 20 次模拟的需求量，如图 8-13 所示。

模拟次数	直接人工费随机数	直接人工费	零部件成本随机数	零部件成本	需求量
	F	G	H	I	J
1	0.056253007	40	0.895071183	326.85214	3966.527673
2	0.835299494	48	0.328506451	309.85519	4653.833257
3	0.218681302	43	0.212346321	306.37039	5786.728706
4	0.835858455	48	0.463016834	313.89051	4221.179715
5	0.856869306	48	0.533556696	316.0067	5702.403548
6	0.22163345	43	0.885536117	326.56608	4932.563601
7	0.977748441	50	0.565422619	316.96268	5135.856424
8	0.008948333	40	0.139269151	304.17807	3905.102861
9	0.203912421	43	0.593417409	317.80252	4831.787308
10	0.437185658	45	0.861320002	325.8396	5362.622454
11	0.894838938	49	0.776037267	323.28112	4648.638521
12	0.534003189	45	0.404168514	312.12506	4735.572059
13	0.251216937	44	0.045914519	301.37744	5939.684015
14	0.773359434	47	0.6871423	320.61427	4728.305936
15	0.069559513	41	0.57177067	317.15312	5964.714764
16	0.112377657	42	0.46070529	313.82116	5124.91087
17	0.808429993	48	0.383420422	311.50261	4688.292951
18	0.946791872	49	0.20854255	306.25628	4706.99477
19	0.402319179	45	0.935564802	328.06694	5344.138643
20	0.322941647	44	0.905620071	327.1686	4971.374323

图 8-13　平板电脑项目需求量模拟结果

④利润的计算。在单元格 K3 中输入公式 "＝（＄C＄2-G3-I3）＊J3-＄C＄3-＄C＄4"，将鼠标移至单元格 J3 右下方，待出现黑色 "＋" 时，向下拖动至单元格 J22，得到 20 次模拟的利润值，如图 8-14 所示。

根据以上 20 次模拟计算结果，该平板电脑项目利润最大值为 128 万元，最小值为 34 万元，均实现了获利。

8.4.2　库存模拟模型实验

某生活家电企业开发出来一种新型的便携式搅拌器，其操作方便，样式美观，具备市场潜力。该搅拌器的销售价格为 170 元/个，搅拌器的单位成本为 80 元，搅拌器的月需求量服从正态分布，均值为 1000，标准差为 200。每月初，该公司供应商会向该公司发货，库存补货水平 Q 为可控变量，如果补货水平高于月需求量，则没有卖出去的产品将支付库存持有成本，即每单位 16元；而当补货水平低于月需求量时，则库存短缺，需支付缺货费用，为每单位

模拟次数 E	直接人工费随机数 F	直接人工费 G	零部件成本随机数 H	零部件成本 I	需求量 J	利润 K
1	0.056253007	40	0.895071183	326.85214	3966.527673	338762.4
2	0.835299494	48	0.328506451	309.85519	4653.833257	664591.5
3	0.218681302	43	0.212346321	306.37039	5786.728706	1191937
4	0.835858455	48	0.463016834	313.89051	4221.179715	464915.3
5	0.856869306	48	0.533556696	316.0067	5702.403548	1072162
6	0.22163345	43	0.885536117	326.56608	4932.563601	724491.4
7	0.977748441	50	0.565422619	316.96268	5135.856424	821300.4
8	0.008948333	40	0.139269151	304.11807	3905.102861	401929.4
9	0.203912421	43	0.593417409	317.80252	4831.787308	725473.1
10	0.437185658	45	0.861320002	325.8396	5362.622454	894172.7
11	0.894838938	49	0.776037267	323.28112	4648.638521	595337.7
12	0.534003189	45	0.404168514	312.12506	4735.572059	702554.8
13	0.251216937	44	0.045914519	301.37744	5939.684015	1281521
14	0.773359434	47	0.6871423	320.61427	4728.305936	649885.9
15	0.069559513	41	0.57177067	317.15312	5964.714764	1216196
16	0.112377657	42	0.46070529	313.82116	5124.91087	873878.8
17	0.808429993	48	0.383420422	311.50261	4688.292951	671414.9
18	0.946791872	49	0.20854255	306.25628	4706.99477	699266.5
19	0.402319179	45	0.935564802	328.06694	5344.138643	874706.7
20	0.322941647	44	0.905620071	327.1686	4971.374323	732453.9

图 8-14 平板电脑项目利润模拟结果

30 元。试进行该搅拌器项目库存模拟分析。

8.4.2.1 变量设置与利润模型构建

根据以上条件,假设库存补货水平为 Q,月需求量为 D,净利润为 P,则可得到利润模型如下:

①当需求量小于补货水平时,多余的产品将支付持有成本,则净利润的计算公式为:

$$P = (170 - 80)D - 16(Q - D) = 74D - 16Q$$

②当需求量大于补货水平时,缺货的产品将导致损失,则净利润的计算公式为:

$$P = (170 - 80)Q - 30(D - Q) = 120Q - 30D$$

8.4.2.2 模拟分析过程

库存模拟分析需利用随机产生概率输入量的取值进行输出模拟,因而需要先知道每个概率输入量的概率分布。由于库存模拟概率输入量为搅拌器需求量,并满足正态分布,且期望值为 1000,标准差为 200,如图 8-15 所示。

根据以上条件,模拟分析的步骤即为根据模型已知参数,在确定补货水平 Q 的基础上,按照概率输入量产品需求 D 分布规律,随机产生需求值 D,并与

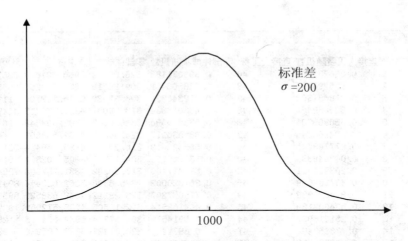

图 8-15　搅拌器需求量的正态分布

补货水平进行对比。如果需求量 D 小于等于补货水平 Q，则销售量为需求量 D，此时库存有剩余，计算出相对应的持有成本和利润；如果需求量 D 大于补货水平 Q，则销售量为补货水平 Q，此时库存缺货，计算出相对应的缺货成本和利润。然后再以此规律循环这个过程，直至产生足够多的利润值，并能够大致描述利润的概率分布和服务水平。该搅拌器库存模拟分析流程如图 8-16 所示。

　　显然，在进行搅拌器库存模拟分析的过程中，需要根据概率分布进行随机数的生成。假设给定供货水平 Q 为 1000，对于搅拌器的需求量而言，由于其呈正态分布，且平均数为 1000，标准差为 200。因此，在 Excel 表单元格中，插入公式"＝NORMINV（RAND（），1000，200）"，即可得到服从该正态分布的随机值。根据以上获得的供货水平和需求量的随机值产生方法，可以通过生成随机数来依次计算所对应的利润水平模拟值。

8.4.2.3　数据的录入

　　根据实验条件，在 Excel 中录入相关数据，如图 8-17 所示。

8.4.2.4　随机数生成与模拟计算

　　要模拟计算搅拌器销售利润，需要首先得到搅拌器需求量的随机数。

　　①需求量随机数的生成。在单元格 F3 中输入公式"＝NORMINV（RAND（），1000，200）"，将鼠标移至单元格 F3 右下方，待出现黑色"＋"时，向下拖动至单元格 F22，得到 20 次模拟的需求量，如图 8-18 所示。

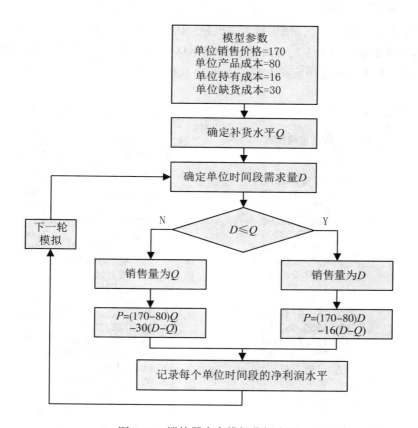

图 8-16 搅拌器库存模拟分析流程

	A	B	C
1	搅拌器库存模拟分析		
2	单位销售价格		170
3	单位产品成本		80
4	单位持有成本		16
5	单位缺货成本		30
6			
7	补货水平	1000	
8			
9	需求量（正态分布）		
10	均值	1000	
11	标准差	200	

图 8-17 搅拌器库存模拟基本数据录入

②销售量的计算。根据销售量的判断依据，当需求量大于补货水平时，销售量为补货水平；反之，销售量为需求量。因而，在单元格 G3 中输入公式"=IF（F3>＄B＄7，＄B＄7，F3）"，将鼠标移至单元格 G3 右下方，待出现黑色"+"时，向下拖动至单元格 G22，得到 20 次模拟的销售量，如图 8-19 所示。

E 模拟次数	F 需求量随机数
1	934.1401383
2	1108.789238
3	1428.873315
4	1044.804135
5	1222.961238
6	726.7082366
7	1298.88304
8	996.7485619
9	935.4274833
10	1053.240551
11	1005.057938
12	1355.403299
13	756.0746019
14	1355.353753
15	887.7000442
16	799.1409392
17	1149.741721
18	953.7609448
19	626.8115674
20	901.5037337

E 模拟次数	F 需求量随机数	G 销售量
1	934.1401383	934.140138
2	1108.789238	1000
3	1428.873315	1000
4	1044.804135	1000
5	1222.961238	1000
6	726.7082366	726.708237
7	1298.88304	1000
8	996.7485619	996.748562
9	935.4274833	935.427483
10	1053.240551	1000
11	1005.057938	1000
12	1355.403299	1000
13	756.0746019	756.074602
14	1355.353753	1000
15	887.7000442	887.700044
16	799.1409392	799.140939
17	1149.741721	1000
18	953.7609448	953.760945
19	626.8115674	626.811567
20	901.5037337	901.503734

图 8-18　搅拌器需求量模拟结果　　图 8-19　搅拌器销售量模拟结果

③持有成本的计算。当需求量大于补货水平时，缺货不需要支付持有成本；反之需要根据剩余产品支付持有成本。因而，在单元格 H3 中输入公式"=IF（F3>＄B＄7，0，（＄B＄7-F3）＊16）"，将鼠标移至单元格 H3 右下方，待出现黑色"+"时，向下拖动至单元格 H22，得到 20 次模拟的持有成本，如图 8-20 所示。

④缺货成本的计算。当需求量大于补货水平时，缺货需要根据缺货量支付缺货成本；反之不需要支付缺货成本。因而，在单元格 I3 中输入公式"=IF（F3>＄B＄7，（F3-＄B＄7）＊30，0）"，将鼠标移至单元格 I3 右下方，待出现黑色"+"时，向下拖动至单元格 I22，得到 20 次模拟的缺货成本，如图 8-21 所示。

E	F	G	H
模拟次数	需求量随机数	销售量	持有成本
1	934.1401383	934.140138	1053.7578
2	1108.789238	1000	0
3	1428.873315	1000	0
4	1044.804135	1000	0
5	1222.961238	1000	0
6	726.7082366	726.708237	4372.6682
7	1298.88304	1000	0
8	996.7485619	996.748562	52.02301
9	935.4274833	935.427483	1033.1603
10	1053.240551	1000	0
11	1005.057938	1000	0
12	1355.403299	1000	0
13	756.0746019	756.074602	3902.8064
14	1355.353753	1000	0
15	887.7000442	887.700044	1796.7993
16	799.1409392	799.140939	3213.745
17	1149.741721	1000	0
18	953.7609448	953.760945	739.82488
19	626.8115674	626.811567	5971.0149
20	901.5037337	901.503734	1575.9403

图 8-20 搅拌器持有成本模拟结果

E	F	G	H	I
模拟次数	需求量随机数	销售量	持有成本	缺货成本
1	934.1401383	934.140138	1053.7578	0
2	1108.789238	1000	0	3263.6771
3	1428.873315	1000	0	12866.199
4	1044.804135	1000	0	1344.124
5	1222.961238	1000	0	6688.8372
6	726.7082366	726.708237	4372.6682	0
7	1298.88304	1000	0	8966.4912
8	996.7485619	996.748562	52.02301	0
9	935.4274833	935.427483	1033.1603	0
10	1053.240551	1000	0	1597.2165
11	1005.057938	1000	0	151.73815
12	1355.403299	1000	0	10662.099
13	756.0746019	756.074602	3902.8064	0
14	1355.353753	1000	0	10660.613
15	887.7000442	887.700044	1796.7993	0
16	799.1409392	799.140939	3213.745	0
17	1149.741721	1000	0	4492.2516
18	953.7609448	953.760945	739.82488	0
19	626.8115674	626.811567	5971.0149	0
20	901.5037337	901.503734	1575.9403	0

图 8-21 搅拌器缺货成本模拟结果

⑤利润的计算。在单元格 J3 中输入公式"=（$C$2-$C$3）*G3-H3-I3"，将鼠标移至单元格 J3 右下方，待出现黑色"+"时，向下拖动至单元格 J22，得到 20 次模拟的利润值，如图 8-22 所示。

模拟次数	需求量随机数	销售量	持有成本	缺货成本	利润
1	934.1401383	934.140138	1053.7578	0	83018.85466
2	1108.789238	1000	0	3263.6771	86736.32285
3	1428.873315	1000	0	12866.199	77133.80055
4	1044.804135	1000	0	1344.124	88655.87596
5	1222.961238	1000	0	6688.8372	83311.16285
6	726.7082366	726.708237	4372.6682	0	61031.07308
7	1298.88304	1000	0	8966.4912	81033.50879
8	996.7485619	996.748562	52.02301	0	89655.34756
9	935.4274833	935.427483	1033.1603	0	83155.31323
10	1053.240551	1000	0	1597.2165	88402.78348
11	1005.057938	1000	0	151.73815	89848.26185
12	1355.403299	1000	0	10662.099	79337.90103
13	756.0746019	756.074602	3902.8064	0	64143.9078
14	1355.353753	1000	0	10660.613	79339.3874
15	887.7000442	887.700044	1796.7993	0	78096.20468
16	799.1409392	799.140939	3213.745	0	68708.93955
17	1149.741721	1000	0	4492.2516	85507.74838
18	953.7609448	953.760945	739.82488	0	85098.66015
19	626.8115674	626.811567	5971.0149	0	50442.02614
20	901.5037337	901.503734	1575.9403	0	79559.39577

图 8-22 搅拌器销售利润模拟结果

根据以上 20 次模拟计算结果，该搅拌器项目利润最大值为 89848 元，最小值为 50442 元，均实现了获利。

8.4.3 排队模拟模型实验

随着 O2O 电子商务模式的发展，人们购买电影票的途径不再局限于影院线下购买，而能够借助以猫眼、格瓦拉等所开发的在线选座客户端实现便捷的在线订票。而为了实现线上消费线下体验的闭环，需要在影院设置自助取票机。公司关注的是在一些热门影片上映的时候，自助取票机前会存在用户排队等待的情况，于是需要研究自助取票机的排队系统，以调研一台自助取票机是否足够满足一家影院的需要。

假设公司对自助取票机的服务方针是用户包括等待在内的使用总时间应不

超过 3 分钟。影院的用户间隔时间是在 0~5 分钟之间均匀分布的，用户在自助取票机上所花费的时间呈均值为 1.5、标准差为 0.5 的正态分布。试进行自助取票机的排队模拟分析。

8.4.3.1 变量设置与排队模型构建

根据以上条件，假设用户产生的间隔时间为 IAT，产生的服务时间为 ST，对于用户 i 而言，还包括以下假设：

到达时间(i) = 用户 i 到达的时间

开始时间(i) = 用户 i 开始服务的时间

等候时间(i) = 用户 i 等待的时间

完成时间(i) = 用户 i 完成服务的时间

系统时间(i) = 用户 i 使用系统的总时间（即完成时间 – 到达时间）

8.4.3.2 模拟分析过程

排队模拟分析需利用随机产生概率输入量的取值进行输出模拟，因而需要先知道每个概率输入量的概率分布。

对于用户间隔时间概率输入量而言，其满足 0~5 分钟之间的均匀分布，如图 8-23 所示。

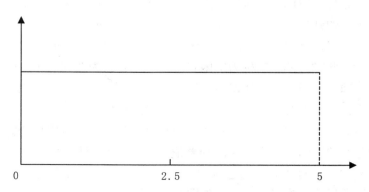

图 8-23 自助取票机用户间隔时间的均匀概率分布

假设 r 是 0~1 之间的随机数，则两个连续用户的间隔时间可以通过以下公式获得：

$$IAT = 0 + r(5 - 0) = 5r$$

对于用户在使用自助取票机所花费的服务时间而言，由于其呈正态分布，且平均数为 1.5，标准差为 0.5，如图 8-24 所示。因此，在 Excel 表单元格中，插入公式"=NORMINV（RAND（），1.5，0.5）"，即可得到服从该正态分布的随机值。

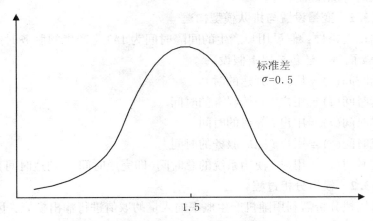

标准差
$\sigma=0.5$

1.5

图 8-24 自助取票机服务时间的正态分布

根据以上条件，模拟分析的步骤即为根据模型已知参数，首先进行排队模拟模型的初始化，新用户到来后，产生一个间隔时间以确定下一个用户的到达时间。新顾客的到达时间需要与前一个用户服务完成时间进行比较，用以判断自助取票机的工作状态是繁忙还是空闲。如果新用户的到达时间大于前一用户的完成时间，此时自助取票机为空闲状态，可以立即为新到达用户服务，其服务开始时间即为该用户的到达时间；反之，新用户到达时前一位用户还在使用自助取票机，其必须要等待前一位用户完成使用之后才能开始使用自助取票机，即其服务开始时间等于前一位用户服务完成时间，而该用户的服务等待时间即为服务开始时间与其到达时间的差值。当新用户开始使用自助取票机时，产生其服务时间，而其花费的总时间即为完成服务时间与到达时间之间的差值。自助取票机排队模拟分析流程如图 8-25 所示。

8.4.3.3 数据的录入

根据实验条件，在 Excel 中录入相关数据，如图 8-26 所示。

8.4.3.4 随机数生成与模拟计算

要模拟计算使用自助售票机的总时间，需要得到间隔时间和服务时间的随机数。

①间隔时间随机数的生成。在单元格 F3 中输入公式"=RAND（）"，得到分布于 0~1 的随机数。将鼠标移至单元格 F3 右下方，待出现黑色"+"

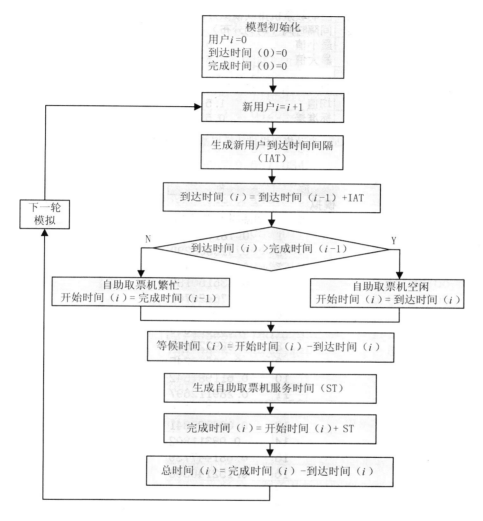

图 8-25　自助取票机排队模拟分析流程

时，向下拖动至单元格 F22，得到 20 次模拟的间隔时间随机数，如图 8-27 所示。

②间隔时间的计算。由于间隔时间服从 0~5 分钟之间的均匀分布，因此在单元格 G3 中输入公式"=＄B＄3+（＄B＄4-＄B＄3）＊F3"，得到间隔时间随机数对应的间隔时间。将鼠标移至单元格 G3 右下方，待出现黑色"+"时，向下拖动至单元格 G22，得到 20 次模拟的间隔时间，如图 8-28 所示。

E	F	G	H	I	J	K	L	M
模拟次数	间隔时间随机数	间隔时间	到达时间	开始时间	等候时间	服务时间	完成时间	总时间
1	0.781725272	3.9086264	3.90862636	3.9086264	0	1.12052109	5.029147	1.120521

图 8-30　第 1 个用户的总时间计算

公式"=IF（H4>L3，H4，L3）"。等候时间为服务开始时间与到达时间的差额，因此在单元格 J4 中输入公式"=I4-H4"。完成时间为开始时间加上服务时间，因此在单元格 L4 中输入公式"=I4+K4"。总时间为完成时间与到达时间的差额，即在单元格 M4 中输入公式"=L4-H4"，如图 8-31 所示。

E	F	G	H	I	J	K	L	M
模拟次数	间隔时间随机数	间隔时间	到达时间	开始时间	等候时间	服务时间	完成时间	总时间
1	0.781725272	3.9086264	3.90862636	3.9086264	0	1.12052109	5.029147	1.120521
2	0.423308299	2.1165415	6.02516786	6.0251679	0	2.11943666	8.144605	2.119437

图 8-31　第 2 个用户的总时间计算

以此类推，得到前 20 次自助取票机排队模拟的结果，如图 8-32 所示。可见大部分用户在自动排队机上花费的总时间为 3 分钟以内，20 次模拟中有 6 有次超过了 3 分钟。如果需要确保用户总时间均小于 3 分钟，需考虑额外添置一台取票机。

E	F	G	H	I	J	K	L	M
模拟次数	间隔时间随机数	间隔时间	到达时间	开始时间	等候时间	服务时间	完成时间	总时间
1	0.781725272	3.9086264	3.90862636	3.9086264	0	1.12052109	5.029147	1.120521
2	0.423308299	2.1165415	6.02516786	6.0251679	0	2.11943666	8.144605	2.119437
3	0.808528444	4.0426422	10.0678101	10.06781	0	1.88279602	11.95061	1.882796
4	0.835150187	4.1757509	14.243561	14.243561	0	0.8077525	15.05131	0.807753
5	0.776428701	3.8821435	18.1257045	18.125705	0	1.76343493	19.88914	1.763435
6	0.133420687	0.6671034	18.7928079	19.889139	1.0963315	1.80296442	21.6921	2.899296
7	0.601661659	3.0083083	21.8011162	21.801116	0	2.61269247	24.41381	2.612692
8	0.089222643	0.4461132	22.2472295	24.413809	2.1665793	3.07664226	27.49045	5.243222
9	0.86378245	4.3189122	26.5661417	27.490451	0.9243093	1.02879026	28.51924	1.9531
10	0.611981542	3.0599077	29.6260494	29.626049	0	1.06299318	30.68904	1.062993
11	0.289112697	1.4455635	31.0716129	31.071613	0	1.26627297	32.33788	1.266273
12	0.798804246	3.9940212	35.0656341	35.065634	0	1.45274978	36.51838	1.45275
13	0.006320341	0.0316017	35.0972358	36.518384	1.4211481	2.15047766	38.66886	3.571626
14	0.08311802	0.4155901	35.5128259	38.668862	3.1560356	0.89848205	39.56734	4.054518
15	0.681447739	3.4072387	38.9200646	39.567344	0	1.89133749	41.45868	2.538616
16	0.152140508	0.7607025	39.6807672	41.458681	1.7779139	1.19744836	42.65613	2.975362
17	0.078670866	0.3933543	40.0741215	42.656129	2.582008	1.62773557	44.28387	4.209744
18	0.548876167	2.7443808	42.8185023	44.283865	1.4653627	1.92539217	46.20926	3.390755
19	0.278073101	1.3903655	44.2088678	46.209257	2.0003894	1.98240684	48.19166	3.982796
20	0.983953964	4.9197698	49.1286377	49.128638	0	1.29119368	50.41983	1.291194

图 8-32　前 20 个用户的总时间计算

8.5 相 关 练 习

8.5.1 练习（1）

随着机动车普及率的逐年提高，机动车辆保险已成为保险公司的主要险种之一，其是以机动车辆本身及其第三者责任等为保险标志的一种运输工具保险。某保险公司对机动车事故索赔的估计概率分布如表 8-3 所示。试为该保险公司建立机动车事故索赔的随机数区间，并模拟前 30 个投保者获得的赔偿，说明该保险公司保额该如何设置能够较好规避风险。

表 8-3   机动车事故索赔概率分布

索赔金额（元）	概　率
0	0.76
500	0.07
1000	0.05
2000	0.04
3000	0.03
5000	0.02
8000	0.02
10000	0.01

8.5.2 练习（2）

某玩具公司开发了一种儿童益智玩偶，其单位成本为 30 元，单位销售定价为 58 元。公司对于该儿童玩偶的市场估计为，6 月份和 12 月份，其市场需求较高，满足 500~600 个的均匀分布，而其他月份需求量则满足均值 300，标准差 50 的正态分布。已知，该公司库存持有成本为每单位 0.3 元，缺货费用则为每单位 1 元，该公司每个月会进行补货，试对该公司进行玩偶库存模拟分析，并制定补货方案。

参考文献

［1］Render B. , Stair R. M. , Hanna M. E. , Hale T. S. Quantitative Analysis for Management（12th Edition）［M］. New Jersey：Pearson Education，2014.

［2］Bryman A. , Bell E. Business Research Methods（3rd Edition）［M］. New York：Oxford University Press，2011.

［3］Bartikowski B. , Llosa S. Customer Satisfaction Measurement：Comparing Four Methods of Attribute Categorizations［J］. The Service Industries Journal，2004，24（4）：67-82.

［4］罗伯特·S. 卡普兰，等著. 组织协同——运用平衡计分卡创造企业合力［M］. 博意门咨询公司，译. 北京：商务印书馆，2010.

［5］戴维·R. 安德森，等著. 数据、模型与决策：管理科学篇（第13版）［M］. 侯文华，等译. 北京：机械出版社，2012.

［6］王树佳，等. 商务决策：模型与信息技术［M］. 北京：北京大学出版社，2013.

［7］赵光华，等. 管理定量分析方法［M］. 北京：北京大学出版社，2008.

［8］杰夫·科伊尔著. 战略实务［M］. 王春利，等译. 北京：中国人民大学出版社，2005.

［9］Excel Home. Excel 2007 实战技巧精粹［M］. 北京：人民邮电出版社，2010.

［10］张庆利，等. SPSS宝典（第2版）［M］. 北京：电子工业出版社，2011.

图书情报与信息管理实验教材